Hans-Dieter Frauer

Württemberg
Geløbtes Land
ie

Postfach 16 42 · 72706 Reutlingen

Layout und Satz:
Oertel+Spörer Verlags-GmbH + Co. KG, Bettina Mehmedbegović
Lektorat: Ulrike Weiler, Petra Wägenbaur
Druck und Bindung: Pustet, Regensburg
Printed in Germany
ISBN 978-3-88627-340-9

Hans-Dieter Frauer

Württemberg
Gel~~o~~btes Land
ie

Oertel+Spörer

Württemberg das gelobte Land

Ein Schwabe will einen Globus kaufen und der Verkäufer zeigt ihm seine Vorräte an großen, mittleren und kleineren Weltkugeln. Der Kaufinteressent schaut jede an, prüft sie, schüttelt den Kopf und kauft keine. Der Verkäufer wundert sich: *„Was wollen Sie denn? Auf jedem Globus ist alles drauf: Lateinamerika, Afrika, Asien, Europa." Daraufhin lapidar der Kunde: „Das brauche ich alles nicht. Mir genügt ein Globus, auf dem nur Württemberg ist."*

Schon das zeigt: Württemberg ist eine Welt für sich. Das merkt man ja schon am Dialekt. Wir reden Schwäbisch – wenn wir überhaupt den Mund aufmachen. Wir grüßen uns mit „Grüß Gott!“ – wenn wir uns überhaupt grüßen. Wir sind das Volk der Dichter und Denker, der Tüftler und Erfinder. Bis heute kommen nach Angaben des Statistischen Bundesamtes aus keinem Landesteil so viele Patentanmeldungen wie aus Württemberg. Es geht uns heute so gut wie noch nie; bei uns wird gut verdient, wir sparen, und wir schaffen, und wir zahlen jede Menge in den Länderfinanzausgleich ein, damit andere sich das leisten können, was wir uns – sparsam, wie wir sind – selbst gar nicht gönnen. Württemberg ist einfach Spitze: Das Land mit den höchsten Löhnen und der niedrigsten Arbeitslosenquote. Ratingagenturen zeichnen das Land mit der allerbesten Bewertung aus, denn hier wird *g'schafft* und *g'spart* und hier wird nicht mehr Geld ausgegeben, als man hat.

Das alles – und noch mehr – sind die Folgen der Reformation, die Land und Leute des früheren Alt-Württemberg nachhaltig geprägt haben. Alt-Württemberg: Das ist im Wesentlichen der Nordschwarzwald, die Schwäbische Alb und das Unterland; nicht dazu gehörten die Reichsstädte wie etwa Reutlingen und auch Oberschwaben war nicht württembergisch. Die Landesgrenze zu Vorderösterreich verlief bereits 14 Kilometer hinter Tübingen. Alt-Württemberg war ein kleines, armes Land, ohne Großstädte, ohne Bodenschätze, die Handelsstraßen waren alle außerhalb. Das abgelegene Land hatte buchstäblich nichts zu bieten – nicht einmal eine Nationalhymne.

Und gerade dieses Land ist heute zum viel bewunderten und beneideten Musterstaat geworden. Das verdankt es zu einem Großteil der damaligen Reichsstadt Reutlingen: Die stand nämlich an der Spitze des Fortschritts, und das hat sich dann auf Württemberg übertragen.

Hans-Dieter Frauer

Das Mittagsläuten erinnert an alte Ängste

Jeden Mittag um 12 Uhr rufen ungezählte Glocken zum Gebet. Dieses Läuten gibt es seit über 500 Jahren. Es erklang erstmals im Jahre 1456, das ist etwa eine Generation vor der Reformation. Damals war eine ungemein bewegte Zeit mit radikalen Umwälzungen und Umbrüchen und als existenziell empfundenen Bedrohungen. Die Menschen waren davon überzeugt, in der „Endzeit" zu leben.

Vor der Reformation war das Weltbild ungemein fromm, es gab gefestigte und anscheinend auch biblisch begründete Überzeugungen. Danach stand die Erde im Mittelpunkt der Welt, rund um die Erde kreisten ehrfurchtsvoll die Gestirne – ehrfurchtsvoll deshalb, weil sich hier das biblisch bezeugte Heilsgeschehen ereignet hatte. Die Erde selbst dachte man sich als flache Scheibe. Ihr Zentrum war selbstverständlich die Stadt Jerusalem, weil sie durch das Leiden und Sterben und die Auferstehung Jesu besonders ausgezeichnet war. Rund um Jerusalem waren – so auch die allgemeine Ansicht – die Kontinente in Kreuzform angeordnet. Es war völlig klar, dass es nur die drei Erdteile Europa, Afrika und Asien gab: Das leitete man wiederum aus der Bibel ab. Dort wird nämlich berichtet, dass die Weisen aus dem Morgenland Gold, Weihrauch und Myrrhe überbrachten; die drei Geschenke wurden als Gaben je eines Erdteils gedeutet. Drei Gaben standen also für drei Erdteile.

An diesem frommen, in sich stimmigen und durchaus gefestigten Weltbild zweifelte jahrhundertelang niemand – warum auch? Und nun zerbrechen diese Überzeugungen in wenigen Jahrzehnten. Im Jahr 1492 wird Amerika entdeckt – ein Kontinent, den es eigentlich ja gar nicht geben durfte. Die Erschütterung von damals lebt bis heute im allgemeinen Wortschatz weiter, wenn noch immer von Amerika als „der neuen Welt“ geredet wird.

Zur Entdeckung „der neuen Welt“ kamen weitere Umwälzungen: Die bereits in der Antike bekannte Kugelgestalt der Erde wurde wiederentdeckt, im Jahre 1492 entstand in Nürnberg der erste Globus (bezeichnenderweise mit nur drei Kontinenten), und man erkannte nun auch, dass die Erde eben nicht der Mittelpunkt der Welt war.

All dies waren Umbrüche, die die Menschen zutiefst in ihren Grundüberzeugungen erschütterten. Dazu kamen nicht erklärbare Naturkatastrophen: Kometen zeigten sich am Himmel, Pestwellen von bisher unbekanntem Ausmaß entvölkerten weite Gebiete Europas. Als weitere, schreckliche Katastrophe wurde auch die Eroberung von Konstantinopel durch „die heidnischen Mohammedaner“ empfunden. Sie waren – nach damaliger Überzeugung – der Hölle entsprungen und fegten nun das vieltausendjährige, zutiefst christliche Ostrom von der Landkarte. Die Janitscharen der Osmanen, eine als unbesiegbar geltende Eliteeinheit, stießen über den Balkan vor und bedrohten Europa.

An eben die dadurch ausgelösten Ängste erinnert bis heute das Mittagsläuten. Es wurde drei Jahre nach dem Fall von Konstantinopel eingeführt. Die in sich zerstrittenen europäischen Staaten hatten sich zu keiner Rettungsaktion aufraffen können, auch ein später erwogener Kreuzzug zur Befreiung des nunmehrigen Byzanz kam nicht zustande. Schließlich ordnete Papst Kalixtus III. im Jahre 1456 ein tägliches „Gebet gegen die Türkengefahr“ an – immer mittags um 12 Uhr.

Dieses Mittagsläuten gibt es an vielen Orten noch heute, auch wenn der Grund seines Entstehens kaum mehr bekannt ist. Die dabei verwendete Glocke heißt heute oft noch immer die „Türkenglocke“. Auch nach der Reformation und nach dem Abklingen der „Türkengefahr“ blieb es beim Mittagsläuten. In evangelischen Kirchen ruft es heute zum Gebet, um die Erhaltung des Friedens in Kirche und Land, auf.

Im kleinen Württemberg gab es zu allem hin noch weitere unerhörte Begebenheiten. So gebar in Bönnigheim eine Barbara Schmotzer 53 Kinder. An diese einmalige „Leistung“ erinnert bis heute eine Tafel in der Stadtkirche Bönnigheim. Die Bäuerin und Weingärtnersfrau hat – nachweislich – in 35 Ehejahren 53

Kinder geboren. Sie musste jedoch alle begraben, denn keines wurde älter als neun Jahre. Das durch Flugblätter weit verbreitete Ereignis wertete man als Zeichen der Endzeit. Weltuntergangserwartungen rief auch eine Katharina Bruch aus Leidringen auf dem Kleinen Heuberg hervor. Das einfache, fromme Bauernmädchen trug an ihrem Körper die Wundmale des Herrn. An jedem Freitag traten sie auf; immer am Karfreitag bluteten sie, eiterten aber nicht und heilten unter großen Schmerzen ab, ohne Narben zu hinterlassen. Die Kunde der einwandfrei bezeugten Stigmatisierung des um 1488 geborenen Mädchens erreichte über Flugblätter das ganze Reich. Das abgelegene Leidringen erlebte ab etwa 1503 einen Ansturm frommer Pilger und erhielt reiche Opfergaben. Sie ermöglichten es, die alte Chorturmkirche im gotischen Stil zu erweitern und sie mit einem prächtigen Netzgewölbe zu schmücken. Das Auftreten von Katharina Bruch wurde in der wirren Zeit der Vorreformation als „endzeitlich" gewertet, aber auch als Ruf zu Glaubensumkehr und Buße verstanden.

„Im Fressen und Saufen war der Pfarrer unermüdlich“

„Pfarrers Kinder, Müllers Vieh / geraten selten oder nie.“ Dieses Sprichwort ist bis heute geläufig. Es entstand in der Zeit vor der Reformation im Blick auf einen sittlich verwahrlosten und ungebildeten Klerus. Dieser hatte einen rundum schlechten Ruf: Die Ortspfarrer galten als faul und lebten oft mit übel beleumundeten „Pfarrershuren“ zusammen – über die Kinder aus solchen Beziehungen ist dann dieses Sprichwort entstanden.

Dazu muss man wissen, dass es vor der Reformation jahrhundertelang keine geregelte Pfarrersausbildung gab. Wer diesen Beruf ergreifen wollte, ging bei einem Pfarrer in die Lehre. Bei passender Gelegenheit kaufte er eine Pfarrstelle und ließ es dann gut sein. Viele der damaligen Pfarrer waren geradezu barbarisch ungebildet und faul – kannten oftmals nur das Vaterunser. Über einen wird berichtet: *„Im Fressen und Saufen war er unermüdlich und Hausbesuche machte er immer dann, wenn er wusste, dass der Hausherr nicht da war.“* Solche Pfarrer hatten gar nicht die Ambitionen, gute Seelsorger zu sein.

In der sich tiefgreifend verändernden Zeit fanden sich die Menschen nicht mehr zurecht. Sie konnten sich diese rasch aufeinanderfolgenden Umbrüche einfach nicht erklären und spürten, dass die Welt begann, ihren Lauf zu verändern und flohen zur Kirche. So ist das ausgehende 15. Jahrhundert eine Zeit der kirchlichen Hochkonjunktur und bis heute daran erkennbar, dass fast alle Kirchen oder Neubauten aus eben dieser Zeit stammen – der Zeit unmittelbar vor der Reformation. Die Institution Kirche selbst verharrte in starrer Unbeweglichkeit: Sie wollte keine Neuerungen, entfaltete dafür aber eine geradezu hektische Geschäftsfähigkeit. Es gab immer mehr kirchliche Feiertage mit großer Prachtentfaltung und einem ausufernden Heiligenkult. Nahezu jeder dritte Tag wurde zum Feiertag mit Prozessionen und Umzügen. Der Kult um Heilige und „Nothelfer" erlebte eine Blütezeit, die Marienverehrung steigerte sich ins Abgöttische, Wallfahrten erlebten einen nie gekannten Boom. Auf den Jakobs-Pilgerwegen, die quer durch Europa zum entlegenen nordwestspanischen Santiago de Compostella mit dem angeblichen Grab des Herrenbruders Jakobus führten, waren Millionen von Menschen unterwegs. Der Reliquienkult erfuhr einen Aufschwung: Kurfürst Friedrich der Weise besaß im Jahre 1520 insgesamt 19.013 Reliquien, die ihm einen Ablass von Sündenstrafen für rund zwei Millionen Jahre (!) sichern sollten. Mit einem Satz: Es herrschte ein frommes, aber sinnentleertes und inhaltsloses Treiben, das für die Amtskirche jedoch höchst einträglich war. Darum sperrte sie sich auch gegen jede Veränderung.

Es ist kein Zufall, dass eben in dieser Zeit Inquisition und Hexenverfolgung nützliche Werkzeuge waren, um unbequeme Frager zu beseitigen. So wurde noch im Jahre 1600 der Priester und Naturwissenschaftler Giordano

Bruno in Rom auf dem Scheiterhaufen verbrannt, auch, weil sein Weltbild dem herkömmlichen (kirchlichen) nicht entsprach. Nikolaus Kopernikus veröffentlichte sein Werk über das heliozentrische Weltbild erst, als er auf dem Totenbett lag.

Dabei war die so geschäftige Amtskirche – gerade am Beginn der Neuzeit – trotz Hochkonjunktur einerseits und Unterdrückungsmaßnahmen andererseits auch nicht mehr das, was sie eigentlich hätte sein sollen. Sie war zur Geldbeschaffungsmaschine degeneriert. Alle kirchlichen Ämter wurden ge- und verkauft, und wer eines hatte, musste es oft mit Annaten (Jahresgeldern) alle Jahre neu erwerben. Der Vatikan war ein Hort des Lasters und Verbrechens. Viele Päpste führten einen, selbst für die damalige Zeit, skandalösen Lebenswandel. Kardinäle meuchelten sich gegenseitig. Papst Alexander VI. wollte in einer Zeit des Zölibats das Papsttum in der Familie erblich machen und ernannte deshalb seinen Sohn Caesare Borgia mit 17 Jahren zum Kardinal.

Später entstand die Geschichte der Päpstin Johanna, einer Frau, die angeblich als Papst amtierte und die bei einer Prozession ein Kind geboren haben soll. Erst im

19. Jahrhundert stellte eine seriöse Historikerkommission eindeutig fest, dass diese Geschichte erfunden wurde. Sie wurde aber – im Blick auf die Zügellosigkeit, vor allem der Borgia-Päpste – lange für durchaus möglich gehalten und geglaubt.

Nicht nur Kardinals-Ämter wurden verkauft – gegen teures Geld war in der Kirche alles zu haben. Nach Befähigung fragte niemand. Gerade die hohen Kirchenfürsten, wie Bischöfe und Kardinäle, verstanden sich in erster Linie als weltliche Herrscher. So wurde etwa Albrecht von Brandenburg mit 23 Jahren (!) Erzbischof von Magdeburg, eine Woche darauf auch von Halberstadt und später Erzbischof von Mainz – alles aufgrund horrender Bestechungsgelder an den Papst. Die benötigten (umgerechnet) Millionen lieh er sich im Hause Fugger in Augsburg zum mörderischen Zinssatz von 50 Prozent. Um seine Kredite abzulösen, baute er das Ablasswesen aus: So konnten Ablässe schließlich auch für bereits Verstorbene teuer gekauft werden, um so deren Sündenstrafen zu verringern. Der schamlos betriebene Ablasshandel war dann jener zündende Funke, der die Reformation auslöste.

Der Luther Schwabens kommt aus Reutlingen

Bis ins 20. Jahrhundert war Reutlingen eine Hochburg des Protestantismus. Schon auf dem Reichstag zu Speyer 1529 gehörte die Stadt zur protestantischen Minderheit. Sie und Nürnberg waren dann 1530 die beiden einzigen Reichsstädte im süddeutschen Raum, die die *Confessio Augustana*, eine wichtige lutherische Bekenntnisschrift, unterzeichneten. Das war ein ungemein mutiger Schritt: Denn Württemberg war damals von den Habsburgern besetzt und Reutlingen eine evangelische Exklave in militant-katholischer Umgebung. Die evangelische Insel Reutlingen riskierte mit dem öffentlichen Bekenntnis zum neuen Glauben ihre Existenz. Der Reformator Martin Luther hat sich denn auch ausdrücklich danach erkundigt, was denn Reutlingen für ein starkes Heer und für treffliche Befestigungen habe, dass die Stadt es wagen könne, sich so mutig zum Evangelium zu bekennen.

Seine Vorreiterrolle in Sachen Reformation „verdankt" Reutlingen einem extrem faulen Priester am Ort. Er war ein getreulicher Vertreter des bereits beschriebenen ungebildeten und sittlich verwahrlosten örtlichen Klerus. Zu allem hin war er auch noch so untätig, dass sich schließlich der Rat der Reichsstadt bei seinem Vorgesetzten, dem Abt von Königsbronn, beschwerte. Der Abt rüffelte aber nicht den Priester, sondern den Rat der Stadt, weil der es doch tatsächlich wagte, sich über einen Geistlichen zu beklagen. Als Folge davon richtete die Stadt Reutlingen im Jahr 1521 eine von ihr finanzierte Predigtstelle ein, damit das allgemeine Verlangen nach Gottes Wort befriedigt werde. Auf diese Stelle wurde Matthäus Alber berufen.

Der Sohn aus angesehener Reutlinger Familie durchlitt eine entbehrungsreiche Jugend, weil seine Eltern durch den Stadtbrand völlig verarmt waren. Ein Stipendium seiner Heimatstadt erlaubte es ihm aber, Theologie zu studieren, und 1521 wurde er auf die soeben gestiftete Prädikantenpfründe (Predigtstelle) an der Marienkirche berufen. Hier begann er, Gottesdienst, Schule, Lebensordnungen, kirchliches und politisches Gemeinwesen behutsam im Sinne Martin Luthers zu verändern: Das führte zu einem reformatorischen Aufbruch der Bürgerschaft und zu heftigen Auseinandersetzungen mit dem Bischof von Konstanz und der vorderösterreichischen Herrschaft in Stuttgart. Rat und Bürgerschaft scharten sich aber um Alber, den „Luther Schwabens", und im berühmt gewordenen „Reutlinger Markteid" schworen sie im Mai 1524, beim Evangelium zu bleiben. Damit war der Weg frei für die Kirchenreform in Reutlingen.

Das hatte weitreichende Folgen: Die *„verdammte lutherische Lehre (die) frevelhaft und unverschämt"*, die aus Reutlingen zu hören war, klang dem in Stuttgart residierenden Statthalter Habsburgs immer misstönender in den Ohren. Wiederholt forderte er den Rat der Stadt auf, doch solche Predigten zu verbieten und drohte mit einem Handelsboykott. Matthäus Alber wurde exkommuniziert und kam in Acht und Bann. Alle diese Maßnahmen waren letztlich jedoch vergebens; die Entwicklung war zum großen Verdruss der Habsburger nicht mehr aufzuhalten, und aus dem wichtigen Marktort Reutlingen ist viel Wissen um die evangelische Sache in das katholisch besetzte, württembergische Land hineingeflossen.

Die Reichsstadt Reutlingen hat ihre eigene evangelische Tradition lange gepflegt: Der Gottesdienst wurde in der schlichten oberdeutschen Form gehalten und noch bis in die Zeit nach dem Zweiten Weltkrieg brannten auf dem Altar der Reutlinger Marienkirche bei Gottesdiensten keine Kerzen. Am 25. Juni, dem Tag der Unterzeichnung des *Augsburger Bekenntnisses*, gab es in Reutlingen immer eine kirchliche Feier. Die Stadt ließ im Jahre 1717 zum 200. Jahrestag des Thesenanschlags eine Reformationsmedaille prägen, und lange war das Privileg, das Reutlinger Bürgerrecht zu erwerben, Protestanten vorbehalten.

Reutlingen im Gesangbuch

Das Lied *„Ein feste Burg ist unser Gott“*, vom Reformator Martin Luther vor 1529 gedichtet, wurde zum Kampflied der Reformation. Eine Anekdote berichtet darüber, wie das Lied entstanden ist. Sie wird besonders gern im Raum Tübingen erzählt, wo man den Reutlinger Nachbarn seit jeher in aufrichtiger Abneigung verbunden ist. Danach besuchte eine Delegation aus Reutlingen den Reformator in Wittenberg und brachte als Geschenk ein Fass Wein aus Reutlingen mit. Luther trank aber lieber Bier, und er hatte auch vom schlechten Ruf des Reutlinger Weines gehört. Auf seine Fragen versicherten ihm die Reutlinger aber, dass er ihren Wein getrost und unbesorgt trinken könne. Er stelle sich zwar sauer an, aber man habe ihn „gerichtet“, also mit Wasser verdünnt, und er könne ohne größeren Schaden genossen werden. Diese Zusicherung überzeugte Luther und er bewahrte sie wohl im Herzen. Denn als er das Lied *„Ein feste Burg ist unser Gott“* gedichtet habe, seien deren Versprechen in jenen Liedvers eingeflossen, in dem es heißt: *„Der Fürst dieser Welt / wie sauer er sich stellt / tut er uns doch nichts / das macht, er ist gericht“*.

Die tüchtigen Reformatoren wurden aus dem Lande gejagt

Schon vor Martin Luther hat es mehrere Anläufe gegeben, die damals von Machtstreben erfüllte und in unwürdige Zwiste verstrickte Kirche mit neuem geistlichem Leben zu füllen. Gerade in Württemberg haben unmittelbar vor der Reformation etwa die „Brüder vom Gemeinsamen Leben“ einen bemerkenswerten Anlauf unternommen, die Kirche zu erneuern: Sie werden deshalb mit Fug und Recht zu den vorreformatorischen

Bewegungen gerechnet, die übrigens den Reformator Martin Luther stark beeinflusst haben.

Schon in der Zeit vor Luther wurde immer dringlicher eine durchgreifende Reform von Staat und Kirche gefordert. Unwürdige Päpste, eine an ihrem Reichtum fast erstickte Kirche und ein verwahrloster Klerus konnten die Sinnfragen, der durch grundlegende Umbrüche (die Kugelgestalt der Erde wird gefunden, Amerika entdeckt, auf allen Gebieten geraten gesicherte Wahrheiten ins Wanken) verunsicherten Menschen nicht mehr beantworten. Kirchliches Handeln erschöpfte sich weitgehend in Äußerlichkeiten wie einem ausufernden Reliquienkult, einer geradezu inflationären Heiligenverehrung, Wallfahrten, Schenkungen und Votivgaben. Gegen Querdenker ging man mit den damals aufkommenden Hexenverfolgungen vor, außerdem gab es Kreuzzüge gegen unangepasste „Ketzer". Dennoch konnte die Institution Kirche eine immer mehr zunehmende Kritik und entstehende Alternativmodelle nicht dauerhaft unterdrücken: Immer häufiger bildeten sich Bruderschaften, die ein von der Bibel her geführtes Leben wollten und die im gemeinsamen Gebet und in karitativer Arbeit verbunden waren. Eine dieser Bruderschaften war die „vom Gemeinsamen Leben".

Die Mitglieder der in den heutigen Niederlanden gegen Ausgang des 14. Jahrhunderts entstandenen Bewegung wollten leben wie einst Christus und seine Jünger. Die Männer und Frauen, Theologen und Laien, verzichteten nach dem Vorbild Jesu und seiner Jünger auf Privatbesitz, erwirtschafteten ihren Lebensunterhalt selbst und lebten ganz bewusst außerhalb der Klostermauern. Mit ihrem durch den biblischen Glauben geprägten Leben fanden sie rasch viele Anhänger, auch, weil sich dieses vom als unwürdig empfundenen Leben der Geistlichkeit und der Mönche absetzte. Die Bewegung breitete sich rasch nach Deutschland aus – unter ihren Theologen (Fraterherren) findet man mehrere bedeutende Persönlichkeiten. Einer von ihnen ist Gabriel Biel, der die bereits entstandenen deutschen Brüderhauser 1471 zu einem eigenen Generalkapitel zusammenführt.

Eben mit Gabriel Biel wurde der württembergische Graf Eberhard im Bart persönlich bekannt. Der bedeutende Landesfürst führte nicht nur 1482 die damals getrennten Landesteile Württembergs wieder zusammen, er gründete 1477 (als Graf!) die Universität Tübingen, und Kaiser Maximilian, der Eberhard zum Herzog machte, rühmte ihn als einen vortrefflichen Landesfürsten, mit dem nur wenig andere zu vergleichen seien. Dem nach einem recht ungezügelten Jugendleben wahrhaft fromm gewordenen Eberhard lag auch die Erneuerung der Kirche sehr am Herzen: Er erwirkte vom Papst die Genehmigung, die innerhalb seines Landes gelegenen Klöster reformieren zu dürfen und berief dazu die „Brüder vom Gemeinsamen Leben" ins Land. Hierfür kam Gabriel Biel selbst in die damalige Residenzstadt Urach, wurde später Professor in Tübingen und war dort zwei Mal Rektor der Universität. Die „Brüder vom Gemeinsamen Leben" breiteten sich von Urach nach Herrenberg (1481), Dettingen/Erms (1482) und Tachenhausen bei Nürtingen (1486) aus. Für sie gründete Graf Eberhard das Stift Einsiedel im Schönbuch: Dort sollten Mitglieder von Adel, Geistlichkeit und Bürgertum in einer Gemeinschaft zusammenleben. Propst auch dieses Stiftes wurde Gabriel Biel. Wie sehr Eberhard die Brüder und das Stift Einsiedel schätzte, zeigt sich auch daran, dass er sich dort in der einfachen blauen Mönchskutte der Brüder bestatten ließ.

Für all ihre Arbeit ernteten die „Brüder vom Gemeinsamen Leben" nur schnöden Undank: Sie wurden 1517 aus dem Lande gewiesen. Ihr vom Glauben her reprägter Lebenswandel und ihre Seelsorge waren unverändert beispielhaft und sie hatten damit ein gutes Stück der Reformation Martin Luthers vorweggenommen. Aber nachdem ihr bedeutender Förderer, der zum Herzog erhobene Graf Eberhard, gestorben war, fehlte ihnen eine wichtige Stütze. Der neue Herzog Ulrich war ihnen nicht annähernd so verbunden wie sein Vorgänger, und er griff gern einen Vorschlag missgünstiger Landstände auf, die Fraterherren „abzuschaffen" und ihr Vermögen zur Finanzierung seiner kostspieligen Hofhaltung zu verwenden. Vom Papst erwirkte er 1516 die Genehmigung, die Bruderschaft aufzulösen: Begründet hat er es mit deren fremder und ungewohnter Lebensweise, die in Württemberg „gewaltigen Schaden" verursacht hätte. Kein Wort davon war zutreffend, der Papst entsprach aber dem Willen des Herzogs und die Brüder mussten das Land verlassen.

Das Stift Einsiedel

Das ab 1491 unweit von Reutlingen entstandene „Stift Einsiedel“ sollte zu einer guten Zukunft für Württemberg beitragen. Der alternde Herzog Eberhard wollte in seinem Jagdschloss auf dem Einsiedel ein Bruderhaus ganz besonderer Art errichten. Die dort lebenden Menschen sollten dem Land eine wahre, alle Stände umfassende, christliche Bruderschaft beispielgebend vorleben. Je zwölf Geistliche, Adlige und Bürger sollten sich zur Gemeinschaft zusammenfinden. Nach der Stiftsverfassung feierten Vertreter der drei Stände des Landes, hier stellvertretend für alle Untertanen des Herzogs, Tag und Nacht das Gotteslob und beteten für das Seelenheil des Hauses Württemberg. Diese Stiftsverfassung war für ihre Zeit eine kühne Neuerung.

Eberhard erhoffte sich davon einen wichtigen Beitrag für den Erhalt des von ihm geeinten Landes, dessen Bestand er wegen seiner eigenen Kinderlosigkeit bedroht sah. Das Stift Einsiedel war für ihn „ein Symbol der Landeseinheit", welche ihm sehr am Herzen lag. Er rechnete die Gründung des Stifts Einsiedel zu den wichtigsten Leistungen seines Lebens. So holte Herzog Eberhard dazu die kaiserliche und päpstliche Genehmigung ein, was zur Folge hatte, dass Papst und Kaiser Schutzherren des Stifts waren. Den Tübinger Theologen Gabriel Biel ernannte er zum ersten Probst und bestimmte in seinem Testament, dass er selbst einmal in Einsiedel bestattet werden wollte.

Das Stift stattete er großzügig aus und kümmerte sich sorgsam um Leben und Arbeit dort: So schrieb er etwa das regelmäßige Gebet für Württemberg vor und erließ genaue Verordnungen über das dortige Studium, das Abschreiben von Büchern und das gemeinsame Leben im Stift Einsiedel. Die „politische Utopie“ überlebte ihren Gründer aber nicht lange. Eberhard wurde nach seinem Tod 1496 noch dort bestattet, doch schon 1537 wurde das Stift wieder aufgelöst, weil Württemberg mittlerweile evangelisch geworden war. Eberhards Leichnam verlegte man daraufhin in die Tübinger Stiftskirche.

Heute steht nur noch der Westflügel der Schlossanlage Einsiedel. Nach einem Blitzschlag brannten 1580 alle Gebäude ab. Seit 1823 ist das frühere Stift im Privatbesitz des Hauses Württemberg und seit 1964 wird es als Jugendhaus der katholischen Dekanate Reutlingen und Rottenburg genutzt.

Die Reformation veränderte das Land

Die Reichsstadt Reutlingen war bei der Reformation ganz vorne mit dabei. Schon 1521, vier Jahre nach dem Thesenanschlag Martin Luthers, errichtete der Rat eine Predigtstelle an der Marienkirche, von der aus sich der neue Glaube über die Stadtgrenzen hinaus verbreitete. Württemberg selbst wurde erst 1534 für die Reformation gewonnen – also lange nach Reutlingen.

Das Herzogtum war nämlich von 1519 bis 1534 von den Habsburgern besetzt, die alle ihre Gebiete sorgsam gegen die in ihren Augen *„verdammte, lutherische Ketzerei“* abschirmten.

Der württembergische Herzog Ulrich musste außer Landes gehen, weil er es mit allen verdorben hatte. Er saugte das ohnehin arme Land aus, um seine aufwendige und prachtvolle Hofhaltung zu finanzieren. Er verdarb es mit dem mächtigen Bayern, weil er seine aus Bayreuth stammende Ehefrau Sabina so misshandelte, dass sie floh. Er erstach im Schönbuch den Reichsritter Hans von Hutten, den Ehemann seiner Geliebten, machte sich damit auch die Reichsritterschaft zum Feind und schließlich begann er aus nichtigem Anlass Krieg mit der Reichsstadt Reutlingen, worauf sich nun auch der Schwäbische Städtebund gegen ihn wandte. Ulrich wurde vertrieben, und die Habsburger besetzten das Herzogtum. Im 15 Jahre dauernden Exil fand Herzog Ulrich aber zum evangelischen Glauben und 1534 gelang es ihm, in einer für ihn günstigen politischen Konstellation, sein Land zurückzuerobern und im Sinne der Reformation umzugestalten. Das mit Verspätung entstandene evangelische Württemberg war im deutschen Südwesten eine rings von altgläubigen Gebieten umgebene „evangelische Insel", auf der sich, wegen dieser über Jahrhunderte anhaltenden Diaspora-Situation, der neue Glaube besonders prägend und verändernd ausgewirkt hat.

Reformation heißt ja Rückkehr zum unverfälschten Wort Gottes, und angesichts des allgemeinen Heilverlangens und der Missstände in der Institution Kirche hat die Reformation tatsächlich die Welt in Brand gesetzt. Sie breitete sich wie ein Flächenbrand über ganz Deutschland und weite Teile Europas aus und kam rasch überall hin – vor allem in die Reichsstädte. 82 von damals 86 Reichsstädten entschieden sich – eben wegen der geschilderten Mängel – für den neuen Glauben, an ihrer Spitze Reutlingen.

Das Herzogtum Württemberg wurde nach dem Motto *„Gottes Wort bleibt in Ewigkeit"* völlig umgestaltet: Man maß alles am Wort der Bibel, schaffte ab, was damit nicht vereinbar war oder schien und baute den Staat praktisch neu auf. Württemberg ist damals in wenigen Jahrzehnten so tiefgreifend umgestaltet worden, wie nie zuvor in seiner Geschichte. Entstanden ist dabei die bereits erwähnte „evangelische Insel“, die kaum noch Kontakte zur andersgläubigen Umgebung unterhielt. In ihr hat man alles beseitigt, was sich nach damaliger Auffassung von der Bibel, dem Wort Gottes, her nicht begründen ließ. So wurde der fromme, aber sinnentleerte Leerlauf mit Marienanbetung, Wallfahrten, Prozessionen, Reliquienkult und ausufernder Heiligenverehrung ersatzlos gestrichen. Das bedeutete, dass zahlreiche Feiertage abgeschafft und durch Arbeitstage ersetzt wurden. Auch wurde der – biblisch nicht begründbare – Dreikönigstag durch das „Erscheinungsfest“ ersetzt, eben weil drei Könige in der Bibel nicht vorkommen.

Auch die Fasnet hat im evangelischen Württemberg keine Tradition, was man den nach dem Zweiten Weltkrieg entstandenen und durchweg kläglichen Feiern auch anmerkt. Der erste öffentliche Fasnetsumzug nach der Reformation in Stuttgart war erst im Jahre 1901, und er wurde äußerst zurückhaltend aufgenommen. Ein Beobachter schrieb damals: *„Kein Trauerzug hätte würdiger empfangen werden können. Und die Leute haben gestaunt und gefragt, ob die eigentlich nichts zu schaffen hätten?“*

Was mit dem Wort Gottes nicht vereinbar schien, wurde kategorisch gestrichen. Und vielleicht sind die Schwaben ja gerade wegen des Wegfalls der Feiertage und der dadurch gewachsenen Zahl von Arbeitstagen so fleißig. Das Schaffen ist bei uns zum Wert an sich geworden – und das Wort vom „schaffigen Schwaben" zum festen Begriff. Wenn ein Schwabe seiner Ehefrau ein nun wirklich unüberbietbares Kompliment machen will (das gibt es!), dann sagt er zu ihr: *„Du siehst aber arg abg'schafft aus!"*

Das vergessene Dorf blieb katholisch

Die Reformation begann mit den Pfarrern. Jeder Einzelne wurde gefragt, ob er künftig „evangelisch“, also in deutscher Sprache, predigen werde. Wer das bejahte – und das waren viele – wurde in seinem Amt bestätigt. Wer die Frage jedoch verneinte, erhielt eine Abfindung und wurde aus dem Lande geschickt. Diese sehr honorige Art ist für die damalige Zeit einmalig: Bereits ab 1523 brannten auf katholischer Seite die ersten Scheiterhaufen. Auf evangelischer Seite hat es dagegen in Württemberg nie ein Todesurteil nur aus Konfessionsgründen gegeben.

Die einzelnen Pfarrer in Württemberg wurden von Reformatoren aus Stuttgart aufgesucht. Der für Süd-Württemberg zuständige Reformator Ambrosius Blarer fand jedoch bei seinem „Umritt" nicht den Weg nach Gößlingen. Daher blieb der kleine, abgelegene Ort am Fuße des Kleinen Heuberg, damals an der Landesgrenze von Württemberg zu Vorderösterreich, katholisch. Erst 1543 bemerkte man in Stuttgart das Versäumnis, beließ dann aber doch alles beim Alten: In der Kleingemeinde gab es höchst verzwickte Rechtsverhältnisse: neben Württemberg und der Reichsstadt Rottweil erhoben das Haus Habsburg und mehrere Ritterschaften Rechts- und Eigentumsansprüche, zudem wurde die Kirche als baufällig angesehen. In schwäbischer Sparsamkeit scheute man jedoch die Kosten für einen teuren Rechtsstreit und Bauarbeiten und verzichtete dafür lieber auf die Einführung der Reformation in Gößlingen. Der Ort blieb deshalb ununterbrochen katholisch – wohl als Einziger in Württemberg.

Noch heute sind von den rund 350 Einwohnern Gößlingens – der Ort gehört jetzt zu Dietingen im Kreis Rottweil – über 96 Prozent katholisch. Die verkehrsungünstig gelegene Gemeinde konnte über Jahrhunderte hinweg ihr „katholisches Eigenleben" führen. Es blieb alles, wie es war. Geblieben ist auch die damals als baufällig angesehene Kirche: Sie steht noch immer.

Streit mit „halsstarrigen, alten Weibern“

Für die Klöster in Württemberg brachte die Reformation das Aus. Mannsklöster wurden aufgehoben, 13 von ihnen in Klosterschulen umgewandelt, die nur noch mit dem Namen an ihre „papistische“ Vergangenheit erinnerten. Die Mönche wurden – soweit sie sich nicht für die evangelische Sache gewinnen ließen – außer Landes geschickt. Probleme gab es aber mit den Nonnenklöstern. Wohl wurden die meisten Nonnen evangelisch, verließen ihre Klöster und heirateten, doch konnte man die verbleibenden altgläubigen Frauen nicht einfach fortschicken – wohin auch? Für viele Frauen bedeutete der Eintritt ins Kloster zwar in erster Linie eine Glaubensentscheidung, ein möglicher anderer Grund konnte aber auch die Altersversorgung der unverheirateten, weiblichen Familienangehörigen sein. Eine Frau, die das Kloster verließ, verlor alle diese Ansprüche; für sie gab es in der damaligen Gesellschaft einfach keinen Platz. Vor allem ältere Nonnen weigerten sich auch deshalb beharrlich, ihre Heimstatt zu verlassen. Zwar war den Klöstern ab 1534 jegliche Neuaufnahme verboten, das Kloster war damit aber noch lange nicht säkularisiert. Das zeigt sich am Beispiel des ehemaligen Klarissenklosters in Pfullingen, das um 1250 entstanden und eines der ältesten in Deutschland ist. Hier verbrachten anfangs fünf, später bis zu 60 Frauen ihr Leben in strengster Askese. Für heutige Begriffe waren sie lebendig begraben: Sie durften ihr Kloster nie verlassen. Reden war nur erlaubt, wenn es die Äbtissin gestattete und selbst bei Beichte und Visitation war immer eine Aufsichtsperson dabei. Die Nahrung war kärglich, das Fasten häufig und die einfache Kleidung bestand lediglich aus „geringem Tuche“.

Das anfangs sehr arme Kloster erhielt aber nach und nach reichen Grundbesitz. Neu eintretende Nonnen brachten meist etwas mit, zudem gab es Stiftungen und Schenkungen und einträgliche Rechte. Das Pfullinger Kloster wuchs zu einem der größten Nonnenklöster Württembergs. Nach der Reformation wurde es formal aufgehoben. 25 Nonnen, die nicht evangelisch werden wollten, schob man 1540 in ein leer stehendes Kloster nach Leonberg ab – die wehrhaften Frauen setzten aber 1551 ihre Rückkehr nach Pfullingen durch. Dort blieben sie bis zu ihrem Tod.

Das zusammenschrumpfende Häuflein – 1571 lebten noch zehn Nonnen, 1579 noch drei und 1590 noch zwei – hielt zäh am alten Glauben fest und widerstand mannhaft den vielfältigen Bekehrungsversuchen der württembergischen Obrigkeit. Wohl versprach Herzog Christoph jeder Nonne, die das Kloster verlasse und heirate, den notwendigen rechtlichen Schutz und eine fürstliche Aussteuer. Daneben wurde das dennoch weiter ausharrende Häuflein auch geistlich „traktiert“: Vier Jahre lang musste jeden Sonntag und einmal wochentags ein eigens dafür angeordneter evangelischer Gottesdienst besucht werden. Der Ortspfarrer wurde angewiesen, *„mit Predigen und Ermahnungen fleißig fortzufahren“*, er führte denn auch Klage über die *„halsstarrigen, alten Weiber“*, die unbelehrbar blieben, obgleich er ihnen nun schon Jahre *„freundlich“* predige und sie fleißig besuche.

Die Pfullinger Akten geben an, dass es 1579 noch drei Nonnen gab. Die letzte, eine Anna Reischin, starb hochbetagt am 2. November 1595. Sie hatte 60 Jahre im Kloster ausgeharrt und wegen ihres langen Lebens war das Pfullinger Kloster zu einem der letzten Frauenklöster im Herzogtum geworden. Ihrem Glauben ist sie offenbar stets treu geblieben, im Totenbuch heißt es aber, sie habe sich noch auf dem Sterbebett „bekehrt“.

Das Volk der Dichter und Denker

„Dr Schelling und der Hegel
Dr Schiller und der Hauff
Das ist bei uns die Regel
Das fällt bei uns nicht auf.“

Dieses Sprüchlein kennt wohl jeder Schwabe. Peter Bamm hat es als einen der arrogantesten Sätze bezeichnet, mit denen ein Volksstamm angibt. Tatsächlich weist er aber auf die in der Tat erstaunlich große Anzahl von Dichtern und Denkern hin, die das kleine Württemberg hervorgebracht hat. Die Umwandlung des kargen Agrarlandes zum Volk der Dichter und Denker ist auch eine Folge der Reformation. Mit ihr verbunden ist der Aufbau eines vorzüglichen Bildungssystems: Jeder sollte in der Lage sein, selbst die Bibel zu lesen. Diese schon von Martin Luther stammende Forderung ist gerade in Württemberg konsequent umgesetzt worden: Das Land war weltweit das erste Territorium mit einem flächendeckenden Schulnetz und einer geradezu modern anmutenden Bildungspyramide. Das unter großen finanziellen Opfern errichtete und unterhaltene Schulnetz ist eine kulturelle Leistung, die bis heute hohen Respekt verdient. Für damalige Zeiten war es geradezu revolutionär und seine Bedeutung für die Verankerung des evangelischen Glaubens in der frommen Exklave Württemberg kann gar nicht genug geschätzt werden.

Bis das kleine Württemberg im Jahre 1534 im Sinne der Reformation umgestaltet wurde, herrschte auch dort – wie überall – blankes Analphabetentum. Nur wenige am Ort konnten lesen und schreiben: In Reichsstädten, wie Reutlingen, waren es zwischen 10 und 20 Prozent der Einwohner; auch deshalb waren die Reichsstädte hoch angesehen. Im Agrarland Württemberg machte man sich nach 1534 tatkräftig daran, ein flächendeckendes Netz von Dorfschulen zu errichten. Sie sollten nach biblischer Weisung (Psalm 111) zuerst zur Gottesfurcht erziehen. Dabei scheute man auch keine Handgreiflichkeiten:

„Willst Du Gottesfurcht bei Kindern
Schlag sie kräftig auf den Hintern.
Dann schleicht sich von hinterwärts
die Gottesfurcht ins Kinderherz."

Den Unterricht erteilte der Pfarrer – oder in größeren Gemeinden ein Dorfschulmeister unter der gestrengen Dienst- und Fachaufsicht des Pfarrers. Unterrichtsinhalte waren Lesen von Bibel und Katechismus, Auswendiglernen und Singen von Kirchenliedern, Schreiben und Rechnen. Die Inhalte der Rechenaufgaben entnahm man oft der Bibel. So mussten die Schüler zum Beispiel aus der Bibel die Kosten des Tempelbaus von König Salomo berechnen. Bis in die Zeit nach dem Zweiten Weltkrieg war das erste Lesebuch die „Fibel" mit einer Vielzahl biblischer Geschichten. Das alles hat zu einem breiten biblischen Wissen geführt. Bis heute enthält der allgemeine Wortschatz in Württemberg eine ungemeine Vielzahl von biblischen Begriffen, die ganz selbstverständlich gebraucht werden. Jeder weiß sofort, was gemeint ist, wenn etwa vom verlorenen Sohn, vom ungetreuen Haushalter, vom vierfachen Ackerfeld oder vom Haus, das auf Sand gebaut ist, die Rede ist. Über den Dorfschulen rangierten in der Hierarchie die als Internate geführten Klosterschulen, wie etwa in Bebenhausen. In Tübingen entstand das Stift, („gestiftet"), und in kurzer Zeit hatte das immer noch kleine, immer noch arme Württemberg die anerkannt beste evangelische Pfarrerschaft im deutschsprachigen Raum. Das Bildungssystem hat dann, wie sich im Rückblick zeigt, Württemberg tatsächlich zum Volk der Dichter und Denker gemacht. In Teilen Badens wurde die Schulpflicht nämlich erst 1755 eingeführt – eine Erklärung für das „kulturelle Gefälle" im deutschen Südwesten?

In Württemberg entstand eine Mehrfachidentität: Man war Württemberger, man war evangelisch und man war einfach gscheit. Das ließ man die anderen auch gerne spüren. So gibt es etwa den Schmäh: *„Wo hoch die Kanzel und tief der Verstand / da ist das katholische Oberland."*

Tatsächlich brachte das hervorragende Bildungssystem bald eine Vielzahl bedeutender Männer hervor. Erinnert sei etwa an den Klosterschüler Johannes Kepler aus Leonberg, der schon vor über 500 Jahren die Grundlagen für die moderne Weltraumforschung gelegt hatte und damals bereits das Wort Satellit prägte. Der Klosterschüler Wilhelm Schickhardt aus Herrenberg ertüftelte im September 1623 in Tübingen die erste funktionierende Rechenmaschine der Welt. Es gibt Mondkrater, die den Namen Kepler oder Schickhardt tragen – ein weiterer ist nach Johannes Stöffler benannt, der vor fünf Jahrhunderten die astronomische Uhr am Tübinger Rathaus ersann und baute – bis heute läuft sie zuverlässig und pünktlich. Auch an Tobias Maier aus Marbach / Neckar erinnert ein Mondkrater: Er legte vor Jahrhunderten die Grundlagen für die moderne Navigationstechnik. Der Erdtrabant trägt diese Namen, und die Schwaben können jede Nacht mit Freude, Stolz und Genugtuung auf ihn blicken. Die anderen dagegen, die gucken buchstäblich in den Mond.

Zwangsehe im Hause Württemberg

Die Geschichte Württembergs kann ohne die Reformation nicht gedacht werden. Diese begann bruchstückhaft und mit Verzögerung, hat aber Land und Leute verändert. Die kleine, arme evangelische Insel Württemberg wurde in wenigen Jahrzehnten zum evangelischen Musterstaat, zum „Reich Gottes auf Erden". Davon war man in Württemberg überzeugt und hat alles dafür getan, diesen Vorzeigestaat zu erhalten. Der

Herzog verzichtete für sich und seine Nachkommen unwiderruflich auf das Recht, jemals die evangelisch-lutherische Religion im Lande abzuschaffen. Sie wurde im Jahre 1565 durch einen „Landtagsabschied“ mit Verfassungsrang festgeschrieben. Hierzu gibt es ein eigenes württembergisches Glaubensbekenntnis, das ebenfalls den rechten württembergischen Glauben festschreibt. Jeder, der eine Stelle bei Staat oder Kirche wollte, musste dieses Glaubensbekenntnis unterschriftlich anerkennen. Johannes Kepler, der dies verweigerte, weil er sich in der Freiheit seines Denkens nicht einschränken lassen wollte, erhielt in Württemberg keine Anstellung. Das alles trug dazu bei, dass sich die Konfessionen immer stärker voneinander abschotteten; Kontakte über die Landes- und Konfessionsgrenzen hinweg gab es kaum, und ab dem Jahre 1569 wurde auch keine Heirat mehr über die Konfessionsgrenze hinweg genehmigt.

Auch um den Fortbestand des evangelischen Hauses Württemberg im Mannesstamm machte man sich früh Gedanken. Herzog Ulrich führte die Reformation im Lande ein, unter seinem genialen Sohn Christoph entstand dann der evangelische Vorzeigestaat. Christophs Sohn Ludwig blieb jedoch kinderlos und Württemberg wäre nach damaliger Rechtslage an das katholische Habsburg gefallen und mit Sicherheit rekatholisiert worden. Um das zu vermeiden, zwang Herzog Christoph seinen Großonkel, Graf Georg von Mömpelgard, zur Heirat. Der war bereits 57 Jahre alt – für die damalige Zeit ein Greis – und ein überzeugter Junggeselle, der von Frauen nichts hielt. Nun musste er die 19-jährige Barbara von Hessen heiraten. Der Hagestolz sollte auf jeden Fall für Nachwuchs sorgen, was er auch tat: Aus der drei Jahre dauernden Ehe gingen drei Kinder hervor – ein als Kleinkind verstorbener Ulrich, eine ebenfalls im Kindesalter verstorbene Eva Christina und im Jahre 1557 Friedrich, der später Herzog wurde und mit seinen 15 in der Ehe gezeugten Kindern den Bestand des Hauses Württemberg sicherte.

In Württemberg gingen die Uhren anders

„Württemberg hat die große Glückseligkeit und den hohen Ruhm vor allen anderen Fürstentümern, weil allein hier die Reinheit der rechtgläubigen Religion von Anbeginn der Reformation an erhalten geblieben ist.“

Diese Selbsteinschätzung vom Vorabend des Dreißigjährigen Krieges zeigt, dass das evangelische Württemberg eine eigene Welt war. Man war fromm, klug und fleißig und wusste sich im Besitz des „rechten Glaubens". Von den Andersgläubigen grenzte man sich ab – mochten es nun „Sakramentierer" (Reformierte) oder „Papisten" (Katholiken) sein. Diese Glaubensabgrenzung war auch der Grund für einen eigenen Württemberger Kalender – die Uhren tickten hier einfach anders.

Seit dem Jahre 46 vor Christus galt weltweit der nach Julius Caesar benannte Julianische Kalender. Er ging von einem 365 Tage zählenden Sonnenjahr aus und sah alle vier Jahre einen Schalttag vor: Das einzelne Kalenderjahr blieb aber immer 11 Minuten hinter dem tatsächlichen Sonnenumlauf zurück – diese 11 Minuten summierten sich im Laufe der Jahrhunderte zu Tagen. Der Frühlingsanfang mit seiner Tag- und Nachtgleiche wanderte so vom 25. März zur Zeit Caesars immer weiter zurück und lag zur Zeit der Kalenderreform 1582 bereits auf dem 11. März. Nun hatte aber das Konzil von Nicäa im Jahre 325 festgelegt, dass der Frühlingsbeginn immer am 21. März sein musste und das wichtige Osterfest, die Auferstehung Christi, stets am Sonntag, der dem ersten Vollmond nach der Tag- und Nachtgleiche folgt, gefeiert werden sollte.

Eine Reform des im Laufe der Jahrhunderte zunehmend ungenauer gewordenen Kalenders verfügte Papst

Gregor XIII. im Jahre 1582. Sie brachte eine Neuordnung der Schaltjahre und ließ – um die „davongelaufenen" Tage wieder einzuholen – auf den 4. Oktober 1582 sofort den 15. Oktober folgen. Der neue Kalender wurde in katholischen Gebieten zügig eingeführt, im damals mehrheitlich evangelischen Deutschen Reich, und hier wieder besonders im süddeutschen Raum, gab es aber wachsende Widerstände gegen ihn. Geistiges Zentrum der Kalendergegner war die Universität Tübingen, lange die Hochburg der lutherischen Orthodoxie. Dort beschimpfte der Theologieprofessor Jakob Heerbrand den neuen Kalender als *„ein Werk des Teufels und Antichrists, des Lügners und Menschenmörders"*. Gemeint war damit der Papst, der – so Heerbrand – mit dem Kalender seine durch die Reformation verlorengegangene Herrschergewalt heimtückisch wiedererlangen wollte. Sein Fakultätskollege Osiander wütete, der Papst wolle mit Hilfe des Kalenders einen Religionskrieg nach Deutschland tragen. Kein Argument war dumm genug, um nicht gegen „den Kalender des Papstes" ins Feld geführt zu werden. So gesellte sich in Deutschland zum konfessionellen Flickenteppich auch einer der unterschiedlichen Kalender – mit schwerwiegenden Folgen.

Da die Katholiken auf ihrer neuen Zeitrechnung ebenso entschieden beharrten wie die Protestanten auf der alten, gab es bald kaum noch gegenseitige Berührungspunkte. Die wichtigen Markttage fielen auseinander, der Handelsverkehr war auf das empfindlichste gestört. Unerträgliche Spannungen entstanden im konfessionellen Grenzgebiet und besonders in gemischtkonfessionellen Dörfern, die teils evangelisch, teils katholisch waren: An hohen evangelischen Feiertagen, wie dem Karfreitag oder dem Reformationsfest, störten die Katholiken nach Kräften die Ruhe, indem sie ausgerechnet dann Bäume fällten oder Holz hackten; umgekehrt misteten die Evangelischen besonders gern ihre Ställe dann aus, wenn am katholischen Fronleichnamsfest die prachtvolle Prozession gerade bei ihnen vorbeikam. Blüten trieb es auch bei der Post: Im konfessionellen Grenzgebiet wurden Briefe mit evangelischem und katholischem Datum geschrieben. Die Kalender-Vielfalt wurde je länger sie andauerte, umso unerträglicher. Bis 1700 benutzte man die verschiedenen Kalender. Erst im Jahre 1775 setzte es der Preußenkönig Friedrich der Große durch, dass die mittlerweile in ganz Europa gültige gregorianische Osterberechnung von allen auch formell übernommen wurde.

Die völlig unnötig zur Glaubensfrage hochstilisierte Kalenderentscheidung hatte zur Folge, dass Evangelische und Katholiken völlig beziehungslos nebeneinanderher lebten und außer den gegenseitigen Vorurteilen nichts voneinander wussten. Diese zwei Jahrhunderte unterschiedlicher Tageszählung haben das konfessionelle Leben völlig vergiftet und den Boden für die blutigen Auseinandersetzungen des Dreißigjährigen Krieges mit bereitet.

Im allgemeinen Sprachgebrauch lebt die einstige Existenz unterschiedlicher Kalender noch weiter fort. So hat die Bezeichnung „zwischen den Jahren“ hier ihre Ursache: Heute wird diese für die Tage nach Weihnachten angewandt – obgleich hier nichts „zwischen den Jahren“ stattfindet und Weihnachten und Neujahr von Evangelischen und Katholiken heute am selben Tag gefeiert werden. Einst aber hat es „die Zeit zwischen den Jahren“ tatsächlich gegeben: Damals, als die Evangelischen den Katholiken um anfangs 11, später 17 Tage hinterher waren, feierten die Katholiken bereits Neujahr, während die Evangelischen noch nicht einmal beim Weihnachtsfest angekommen waren.

„Die Schwaben schaffen mehr als Gott!“

Der durch die Reformation entstandene und nach Innen und Außen abgesicherte „schwäbische Himmel Württemberg“ wurde im Dreißigjährigen Krieg (1618–1648) völlig zerstört. Er hat ab 1634 das bis dahin leidlich verschonte Württemberg besonders schwer getroffen. Die Bevölkerungszahl sank von 1634 bis 1639 um 75 Prozent, in fünf Jahren waren drei Viertel der Menschen gestorben oder geflohen. Zahlreiche Orte starben aus, die Einwohnerzahl des Herzogtums sank von 450.000 bei Kriegsbeginn auf unter 100.000 bei Kriegsende. Die Überlebenden fristeten ein armseliges, „nacktes“ Leben.

Weltliche und kirchliche Obrigkeit wollten nach dem Friedensschluss die Menschen wieder zum Christentum erziehen. Dazu gab es eine Fülle von Ge- und Verboten, die das ganze Leben streng reglementierten. Angestrebt war, den „schwäbischen Himmel Württemberg“ wieder herzustellen: entstanden ist dabei das viel bespöttelte „Lutherisch Spanien“. Eine andauernde gegenseitige Kontrolle und eine nahezu lückenlose Überwachung haben von da an den schwäbischen Volkscharakter geprägt. Es galt, angepasst zu leben und um keinen Preis aufzufallen. Die Frage *„Was sagen auch die Leut‘ dazu?“* bestimmte Erziehung und Verhalten bis in die Zeit nach dem Zweiten Weltkrieg.

Die in ihrer Art einmalige Kirchenzucht setzte mit dem 1644 erlassenen Gesetz über die Errichtung der örtlichen Kirchenkonvente ein. Beklagt wurde die *„hochsträfliche Verachtung Gottes“*, der zu geringe Besuch von Gottesdiensten, *„die greuliche und ganz unerhörte Gotteslästerung mit Fluchen, Schwören, schandbarer Un-*

zucht, Hurerei und Ehebruch, dabei Überfluß in Essen und Trinken, Übermaß und Üppigkeit in Kleidern, leichtfertiger Spiele und Tänze" – all dem sagte man den Kampf an. Die *„allerhand Zerrüttungen"*, die durch den Krieg eingerissen seien, wurden nun rigide bekämpft. So sollten örtliche Sittengerichte, die Kirchenkonvente, christliches Leben und fromme Verhaltensregeln sichern und Verstöße dagegen bestrafen. Der Kirchenkonvent – bestehend aus dem Gemeindepfarrer, dem Schultheiß und drei weiteren Männern aus der Gemeinde – tagte einmal im Monat. Ihm konnte und sollte man (auch anonym) Informationen zutragen. Dazu verpflichtet waren vor allem Schulmeister, Mesner oder Bäcker. Wer jemanden anschwärzte, erhielt ein Drittel der Geldstrafe zugesprochen – das sogenannte „Anbringdrittel".

Wer oder was irgendwie von der allgemeinen Norm abwich, wurde in den Konventen geprüft und beurteilt. Darunter konnten alle Verstöße gegen den Inhalt der Zehn Gebote fallen – wie zum Beispiel Sonntagsentheiligung, Störung des Gottesdienstes, Fluchen, Aberglauben – aber auch die Störung des Familienfriedens, Händel mit der Nachbarschaft, Verschwendung, Müßiggang und Sittlichkeitsdelikte fielen darunter. Der

Kirchenkonvent konnte entweder Geldstrafen verhängen oder das Einsperren ins „Zucht-Häusle“ veranlassen, das es an jedem Ort gab. Dort hatten die Sünder dann bei Wasser und Brot Gelegenheit, zwischen ein paar Stunden und einigen Tagen über ihre „schrecklichen“ Vergehen nachzudenken: etwa, dass sie am Sonntag gekegelt hatten oder dem Kirchenkonvent gar ein Streit in Familie und Nachbarschaft bekannt geworden war.

In den meist kleinen Orten, wo jeder jeden kannte, haben die Kirchenkonvente dazu geführt, dass man sich gegenseitig beschnüffelte: Dem Denunziantentum wurde damit Tür und Tor geöffnet. Besonders „dankbare Bereiche“ hierbei waren Fragen zur ehelichen Treue und gern rechneten die lieben Nachbarn auch nach, ob das erste Kind auch wirklich neun Monate nach der Hochzeit geboren worden war. Kamen im Kirchenkonvent anfangs eher Delikte wie Trunkenheit oder Rauferei zur Sprache, so nahmen später Fragen, die mit Ehe und Geschlechtlichkeit zusammenhingen, immer breiteren Raum in den Protokollbüchern ein. Man beschäftigte sich mit unehelichen Schwangerschaften, auseinandergegangenen Verlobungen, „vorzeitig“ geborenen Kindern, Ehestreitigkeiten und Ehebruch. Bei Ehescheidungen waren die Kirchenkonvente die erste Instanz.

So haben diese Sittengerichte, entgegen die ursprüngliche Absicht, Württemberg in „Lutherisch Spanien“ verwandelt, in ein frommes Zucht-Haus. Die Menschen wurden in einer heute kaum mehr vorstellbaren Weise lückenlos überwacht. Das hatte bis heute nachwirkendes Duckmäusertum und sinnentleerte Rituale zur Folge. Man geht zum Lachen in den Keller, man schafft oder tut wenigstens so, um nicht aufzufallen, und man legte sich, wenn man schon mal nichts tun wollte, nur hinter dem Haus in den Garten, damit die Nachbarn einen nicht sehen konnten und womöglich einen schlechten Eindruck bekamen. Wer heute samstags durchs Ermstal fährt, kann tatsächlich noch erleben, wie die Kehrwoche mit fast religiöser Inbrunst zelebriert wird. Ist man damit vorzeitig fertig, so macht man sie eben noch einmal: Die Nachbarn könnten einen ja für faul halten. Alte Männer, krumm gebeugt von lebenslanger, schwerer Arbeit, nehmen eine Hacke über die Schulter, wenn sie spazieren gehen wollen – so wird der Anschein erweckt, dass sie zum Schaffen gehen.

Andererseits hat diese engmaschige Überwachung, die es fast 250 Jahre lang – bis zum Ende des 19. Jahrhunderts – gab, den schwäbischen Volkscharakter geprägt und die bekannte Arbeitsmoral hervorgebracht. Schwäbisches Schaffen hört niemals auf. Als Bilanz seiner Reise durch Württemberg stellte ein Bischof aus Afrika einst ironisch fest: *„Die Schwaben schaffen mehr als Gott! Der ruhte am siebten Tag, auch da arbeiten die Schwaben!“* Was als Ironie gemeint war, wurde in Württemberg aber allgemein als Lob aufgefasst.

Der faule Hesse

Schwaben schaffen – oder sie tun wenigstens so. Wer nicht schafft, hat im Lande keinen Wert. Das wird auch am Beispiel des Dichters und Literaturnobelpreisträgers Hermann Hesse (1877 – 1962) deutlich. Noch 11 Jahre, nachdem Hesse im Jahre 1946 den Literaturnobelpreis erhalten hatte, lehnten es Lehrerkollegium und bürgerlicher Gemeinderat seiner Geburtsstadt Calw ab, eine bis dahin namenlose Schule nach dem Dichter zu benennen. Gründe waren sein unorthodoxer Lebensstil, und der „unsittliche Inhalt" seiner Werke – vor allem aber tauge der als Faulenzer verschriene Hesse nicht als Vorbild für die Jugend.

Tatsächlich hatte Hesse in Calw lange einen schlechten Ruf. In der Schule und in mehreren Ausbildungsverhältnissen gescheitert, galt er als lebensuntüchtiger Träumer und fauler Tagedieb – ein im altwürttembergischen Raum geradezu vernichtendes Urteil. Die tiefsitzenden Ressentiments ihm gegenüber wurden deutlich, als die in Calw einst von Hesse besuchte Schule einen Namen erhalten sollte. Noch elf Jahre nach der Verleihung des Literaturnobelpreises scheiterte der Anlauf zu seinem 70. Geburtstag, die Schule nach ihm zu benennen. Zehn Jahre später lehnten es Lehrerkollegium und Gemeinderat erneut ab, den zwischenzeitlich auch mit dem Orden „Pour le Merite" geehrten Dichter als Namensgeber für eine Schule in Calw heranzuziehen.

Zwischenzeitlich hat in Calw ein Umdenken eingesetzt. Die Stadt nennt sich heute gerne „Hesse-Stadt", und die einst von ihm besuchte Schule hat zum 90. Geburtstag seinen Namen erhalten. Seitdem gehört der weltbekannte Schriftsteller in Calw endlich dazu: Sein 100. Geburtstag wurde mit Ansprachen und Veranstaltungen gefeiert, 2002 gab es zum 125. Geburtstag gar ein festlich ausgestaltetes, international gefeiertes „Hesse-Jahr". Eine Ansprache in Calw ohne Bezug auf den Dichter ist heute kaum mehr denkbar.

„Unehrliche" Hochzeiten waren immer mittwochs

Das Heiraten war in der sogenannten „guten, alten Zeit" gar nicht so einfach – zumindest nicht in Württemberg, das nach dem Dreißigjährigen Krieg seine Einwohner einer zunehmend verschärften Kontrolle in allen Lebensbereichen unterwarf. So verfügte die Obrigkeit gerade beim Heiraten eine solche Vielzahl von Beschränkungen, dass man sich fast wundern muss, dass überhaupt noch Eheschließungen zustande kamen. Armen, „Faulen“ und Verbrechern war das Heiraten noch im 19. Jahrhundert gar strikt verboten.

Den Männern – nicht den Frauen – war sogar das Heiratsalter vorgeschrieben. Dies lebt bis heute in dem noch oft zu hörenden Satz *„Der hat das Alter zum Heiraten!“* fort. Wer einst heiraten wollte, musste ein Mindestalter haben, das meist bei 25 Jahren lag. Auch den richtigen Heiratstermin zu finden, gestaltete sich oft schwierig: Trauungen in „Geschlossenen Zeiten“, wie etwa der Advents- und Passionszeit, waren verboten, ferner war – wenn ein Angehöriger von Braut oder Bräutigam gestorben war – das „Trauerjahr“ einzuhalten.

Auch der Hochzeitstag lag durchaus nicht im freien Ermessen der Brautleute. Der heute so beliebte Freitag entfiel, weil Jesus an einem Freitag gestorben war. Bis zum Jahre 1851 gab es in Württemberg aus diesem Grund an einem Freitag im Monat einen besonderen Bußgottesdienst. Samstags durfte auch nicht geheiratet werden, weil sich womöglich die Feiern bis in den Sonntag hingezogen hätten, der dann nicht mehr geheiligt gewesen wäre. Am Montag entfielen die Trauungen aus demselben Grund. Erlaubte Heiratstage waren demnach nur noch Dienstag, Mittwoch und Donnerstag.

Der Mittwoch war aber seit 1732 für „unehrliche Hochzeiten von gefallenen Paaren“ reserviert – etwa, wenn sich bereits Nachwuchs ankündigte, sodass an sich nur an Dienstagen und Donnerstagen geheiratet werden durfte. Den Donnerstag sah man aber eigentlich nicht besonders gerne, weil auf ihn der lange, noch besonders geschützte Freitag folgte. Als einziger „ehrlicher“ Hochzeitstag blieb deshalb nur der Dienstag übrig. Dieser war im frommen Alt-Württemberg auch deshalb der richtige Hochzeitstag, weil die in der Bibel beschriebene Hochzeit zu Kana auch an einem Dienstag stattfand.

Bei den Hochzeiten am Dienstag läuteten die Kirchenglocken, die Braut durfte ein weißes Kleid und eine schmucke Kopfbedeckung tragen, Brautjungfern säumten den Weg zur Kirche. Mittwochs dagegen waren die „stillen Hochzeiten“ ohne Glockengeläut, ohne weißes Kleid, ohne Brautjungfern, die Frau war ohne Kopfbedeckung, was sie als „ehrlos“ brandmarkte. Die Paare wurden „still“ zusammengetan – vermutlich aber dennoch unter erhöhter Aufmerksamkeit der lieben Nachbarn.

Damit war aber noch immer nicht genügend geregelt: Auch der Umfang des Hochzeitsessens und sein würdiger Verlauf war obrigkeitlich vorgeschrieben. Es sollte so vermieden werden, dass sich das junge Paar gleich zu Beginn in Schulden stürzte. Der über seine vielen Zuträger stets bestens unterrichtete Kirchenkonvent überwachte das sorgsam und befand auch, ob es bei der Feier züchtig zugegangen war. Noch im Jahre 1792 wurde in Calw eine komplette Hochzeitsgesellschaft ins „Zucht-Häusle“ abgeführt, weil sie das frohe Ereignis mit Böllerschüssen gefeiert hatte.

Gern rechnete man im Kirchenkonvent auch nach, ob ein Ehepaar unzulässigerweise an einem Dienstag vor den Traualtar getreten war, obgleich es – wie sich nach einigen Monaten zeigte – am Mittwoch hätte heiraten müssen. Bei solchen Verstößen wurden vergleichsweise hohe Geldstrafen verhängt. Konnte oder wollte das Paar nicht bezahlen, büßte es eben entsprechend lange im örtlichen „Zucht-Häusle“.

Schwaben jodeln nicht

Bayern jodeln, Württemberger schweigen. Bis heute gilt es vor allem bei der älteren Generation noch weithin als unfein, in irgendeiner Form aufzufallen. Dies sind die Nachwirkungen einer rigiden Kirchenzucht, die die Menschen fast 250 Jahre begleitet hat und die sich zunehmend lähmend auf die Bevölkerung legte – was ja dann auch nachhaltig die schwäbische Lebensmentalität mit geprägt hat.

So wurde etwa einem ehrsamen Handwerksmeister in Calw das Jodeln abgewöhnt. Der Brave hatte sich in einer Silvesternacht ein oder zwei Glas Wein gegönnt und ging dann heim – mit sich und der Welt im Reinen. Es war zwölf Uhr Mitternacht und die Glocken der Calwer Stadtkirche läuteten eben das neue Jahr ein, als unser Meister daran vorbeilief. Vor lauter Begeisterung begann er spontan zu jodeln – zu seinem Pech. Der neben der Kirche wohnende Dekan fühlte sich nämlich dadurch gestört und zitierte den Nachtruhestörer vor den Kirchenkonvent. Dieser ließ den Sünder dann für sein „Vergehen" zwei Tage ins „Zucht-Häusle" abführen.

„Lasterstühle“ gegen die Unzucht

Der „Herr Pfarrer“ war im evangelischen Alt-Württemberg ein Stück Obrigkeit – er hatte tatsächlich eine sehr starke Stellung. Er nahm standesamtliche Aufgaben wahr, leitete den Kirchenkonvent, bestimmte, wer Schulmeister wurde und hatte über ihn dann die Dienst- und Fachaufsicht. Zum Abendmahl musste man sich persönlich bei ihm anmelden, das gab ihm die Möglichkeit zu einer sehr intensiven Seelsorge. Kurz:

Der „Herr Pfarrer“ war eine Respektsperson. Das erfuhren auch noch die ersten Pfarrerinnen im Bereich der württembergischen Landeskirche in den 70er-Jahren des 20. Jahrhunderts. Oft wurden sie damals noch mit „Frau Herr Pfarrer“ angeredet und noch immer kann es vorkommen, dass bei einer unbesetzten Pfarrstelle die Klage zu hören ist: *„Schade, dass wir keinen Herr Pfarrer haben!“*

In all dem wirken noch die Folgen der Kirchenzucht nach. Pfarrer konnten Sünden oder Verstöße mit Kirchenbuße ahnen, dazu gehörten auch vereinzelt „Lasterstühle“, die es übrigens auch außerhalb Württembergs gab. So hatten etwa in der weltoffenen Reichsstadt Ulm „gefallene Paare“ auf solchen zu sitzen, wenn sie in eigens anberaumten Gottesdiensten abgerügt wurden. War etwa das erste Kind schon wenige Monate nach der Eheschließung geboren, so konnte das schon mal einen Bußgottesdienst zur Folge haben. Dabei mussten sich die „gefallenen Paare“ außerhalb der Bankreihen auf „Lasterstühle“ setzen und sich vor versammelter Gemeinde die geharnischte Strafpredigt des Pfarrers anhören.

Solche „Gottesdienste“ erfreuten sich aus naheliegenden Gründen regen Besuchs. Dennoch waren selbst die dazu einladenden Pfarrer nicht immer von ihrem Nutzen überzeugt. So bedauert ein Pfarrer in seinem Tätigkeitsbericht, dass der Gottesdienstbesuch zwar sehr gut gewesen sei, die Eltern der beiden öffentlich abgerügten Eheleute seien aber – trotz Einladung – nicht gekommen. Das könne er, der Pfarrer, nur schwer verstehen. Schließlich seien die Eltern ja bereits vor 25 Jahren auch schon einmal bei Bußgottesdiensten auf den „Lasterstühlen“ vor ihm gesessen.

Der „Herr Pfarrer“ hatte viele Pflichten

An die Gemeindepfarrer in Württemberg wurden hohe Erwartungen gestellt, verkörperten sie doch die geistliche und auch ein Stück weltliche Obrigkeit. In der rings von altgläubigen Gebieten umgebenen „evangelischen Insel“ bildete sich dann auch schon bald eine für Württemberg typische Pfarrerskaste heraus, weil viele Söhne den väterlichen Beruf erlernten. Es gibt Familien in Württemberg, die seit 1534 ununterbrochen Pfarrer gestellt haben, und so mancher württembergische Geistliche übt denselben Beruf aus wie seine Vorfahren seit zehn oder elf Generationen. Auch Ehen zwischen Pfarrerssöhnen und Pfarrerstöchtern waren (und sind) nicht selten.

Pfarrer konnte im Prinzip jedes begabte Landeskind werden, das in der Dorfschule als besonders klug aufgefallen war und dann das Landexamen bestanden hatte. Das öffnete ihm den Weg in die Klosterschulen mit anschließendem Studium in Tübingen. Schon bald aber ergänzte sich der Pfarrstand fast nur noch aus sich selbst: Söhne aus Pfarrfamilien brachten alleine durch ihr Elternhaus viel bessere Voraussetzungen für das Bestehen des Landexamens mit. Diese lange überaus gefürchtete Prüfung – die es bis heute gibt – führte dazu, dass wirklich nur die Besten von den Besten übrig blieben: Im Jahre 1768 etwa wurden von 157 Bewerbern nur 25 in eine Klosterschule übernommen. Auch wer das Examen bestanden hatte, war damit noch nicht zwangsläufig Klosterschüler: war in den Klosterschulen kein Platz frei, weil die vorherigen Jahrgänge zu groß gewesen waren, dann sicherte auch eine bestandene Prüfung keine Aufnahme in eine Klosterschule. So kam etwa das Erfindergenie Philipp Matthäus Hahn trotz seiner – allerdings erst im dritten Anlauf – bestandenen Prüfung nicht auf eine Klosterschule, und er ruinierte anschließend in Tübingen seine Gesundheit, weil er sich durch das Studium hungern musste.

Das Theologiestudium wurde meist an der Landesuniversität Tübingen absolviert – Studien im nichtwürttembergischen Ausland sah man nicht gern. Auf das Studium folgte ein Vikariat von unbestimmter Dauer. Der Vikar lebte im Haushalt des Gemeindepfarrers und erhielt von ihm neben freier Kost und Logis ein Taschengeld, dessen Höhe im Belieben des Pfarrers lag. Die Versetzung auf ein neues Vikariat wurde von der Kirchenleitung immer besonders gern mittwochs mitgeteilt: So hatte der Vikar, der ja meist am Sonntag zuvor an seinem bisherigen Wirkungsort gepredigt hatte, einen Tag Zeit für den Umzug und konnte am Sonntag darauf gleich wieder eingesetzt werden.

Nach Tagen, Monaten oder Jahren erhielt der Vikar als Pfarrverweser eine eigene, kleine und sehr schlecht bezahlte Pfarrstelle und wurde schließlich Pfarrer. Erst jetzt hatte er auch die Erlaubnis zu heiraten. Die künftigen Pfarrfrauen, die natürlich evangelisch sein mussten, waren bis in die Zeit nach dem Zweiten Weltkrieg vor der Eheschließung auf dem Konsistorium vorzustellen – eine Heirat bedurfte dessen vorheriger Genehmigung.

Der „Herr Pfarrer“ hatte viele Pflichten: Er führte die Personenstandsbücher und die Einwohnerstatistik und war damit ein Stück weltlicher Obrigkeit und gleichzeitig Vorsitzender des wichtigen Kirchenkonvents. Ohne seine Zustimmung durfte kein Bürgerrecht verliehen werden. Von ihm erwartete man die Wortverkündigung an Sonn- und Feiertagen und mindestens einmal unter der Woche. Bis 1851 war außerdem immer freitags – dem Todestag Jesu – ein monatlicher Bußgottesdienst vorgeschrieben. Seit 1696 hatte der „Herr Pfarrer“ am Sonntagnachmittag „Kinderlehre“ zu geben, daneben war er für den Religionsunterricht verantwortlich, den er in kleineren Orten selbst zu geben hatte. Schließlich war er auch für den Schulunterricht zuständig, hatte die Dienstaufsicht und – bis 1909 – auch die Fachaufsicht über die Volksschule am Ort. Das bedeutete, dass er auch den Schulmeister zu visitieren hatte. Theologische Fort- und Weiterbildung gehörten ganz selbstverständlich zu seinen Pflichten, ein vorbildliches Familienleben wurde vorausgesetzt. Von all dem überzeugte sich Seine

Dignität, der Herr Spezialsuperintendent (Dekan), bei den Visitationen, die zwei Mal jährlich „unversehens“ stattfanden.

Der Pfarrer war im Dienst bis zu seinem Tod, Urlaub gab es nie und einen Ruhestand für Pfarrer gibt es in Württemberg erst seit Ende des 19. Jahrhunderts. Wer wegen Krankheit oder Alter sein Amt nicht mehr ausüben konnte, erhielt einen Vikar zugeteilt. Starb der Pfarrer, so war seine Witwe unversorgt und blieb sich selbst und etwaigen Angehörigen überlassen. Es gab Fälle, wo Pfarrwitwen ihre alten Tage im Armenhaus verbringen mussten.

Pfarrfrauen-Spiegel

Der „Herr Pfarrer“ als Teil der Obrigkeit stand immer im Blickfeld seiner Vorgesetzten und seiner Gemeinde. Das galt natürlich auch für seine Frau, deren Verhalten bei der „Visitation“ gleich mit überprüft wurde. Die Pfarrfrau wurde über Generationen als die treu im Hintergrund wirkende Gehilfin des Mannes verstanden – und sie sah sich wohl selbst auch so.

Ein „Pfarrfrauen-Spiegel“, der noch in der ersten Hälfte des letzten Jahrhunderts verbreitet war, beschreibt trefflich die Erwartungen:

„Eine Pfarrfrau muss sein
ein Schmuckkästlein.
Ihres Herren demütige Jüngerin,
ihres Mannes frohmutige Seelsorgerin,
fest und freundlich zu Magd und Kind
für die Fetzen und Flocken nicht blind.
Schwesterlich dienend am Krankenbett.
Einfach gewandet, sauber und nett.
Sonnenschein bringend an düsteren Ort
tief gegründet im göttlichen Wort.
Dagegen soll sie nicht allzu viel predigen –
Das wird der Pfarrherr schon selber erledigen.“

Vom „Gipsapostel“ bis zum Puzzle-Erfinder

Philipp Matthäus Hahn ist als Erfinder berühmt geworden. Auf den genialen Pfarrer geht die im Zollernalb-Kreis bis heute blühende Waagen- und Präzisionsindustrie zurück. Hahn ist überwiegend durch seine Uhren, Rechenmaschinen und Himmelsgloben bekannt geworden. Er war aber nicht der einzige württembergische Pfarrer, der über sein Amt hinaus gewirkt hat.

In den Jahren seit der Reformation hat der württembergische Pfarrerstand das Land in den unterschiedlichsten Bereichen tiefgreifend geprägt. Pfarrer gründeten nicht nur missionarische und diakonische Werke, sie waren auch auf verschiedenen Gebieten wissenschaftlich tätig. Dabei blieben viele von ihnen durchaus erdverhaftet: Sie wiesen nicht nur den Weg zur himmlischen Herrlichkeit, sondern setzten sich auch tatkräftig für eine Verbesserung der irdischen Verhältnisse ein. So geht der erste deutsche Tierschutzverein auf Anregungen des Pfarrers, Pietisten und Liederdichters Albert Knapp zurück; Pfarrer Christoph Ulrich Hahn war Mitbegründer des Roten Kreuzes in Württemberg. Darüber hinaus ist noch vielen anderen Pfarrern für deutliche Verbesserungen, etwa im Bereich von Schule und Landwirtschaft, zu danken.

Der Pfarrer Johann Friedrich Mayer (1719–1798) wurde als „Gipsapostel“ berühmt, weil er nachhaltig die Düngung mit Gips propagierte. Er war Gemeindepfarrer, zuerst in Riedbach, später, von 1745 an bis zu seinem Tode, 57 Jahre lang in Kupferzell. Damals war die jahrhundertealte Dreifelderwirtschaft (zwei Jahre Anbau, ein Jahr Brache) durch den Intensivlandbau abgelöst worden. Die Felder erschöpften sich jedoch schnell und brachten immer bescheidenere Erträge. Mayer versuchte dieser Entwicklung entgegenzusteuern und wollte den Boden deshalb mit Gips gedüngt wissen – was ihm seinen Necknamen eintrug. Er führte in Hohenlohe den Anbau von Klee, Futterrüben und Kartoffeln ein und beschaffte auf eigene Kosten aus England geeigneten Rübensamen.

Dem Bemühen Mayers in Hohenlohe entsprach auf der Schwäbischen Alb das von Jeremias Höslin (1722–1789). Der Pfarrersohn aus Wippingen war später selbst Pfarrer in Suppingen und Böhringen. Er widmete sich dem Anbau von Flachs, warb für den Weinanbau und beobachtete jahrelang das Wetter, um feste Wetterregeln für seine Bauern ableiten zu können. Der Wetterbeobachtung widmete sich aus demselben Grund auch Balthasar Sprenger (1724–1791). Der ehemalige Präzeptor der Klosterschule Maulbronn und spätere Prälat von Adelberg war nicht nur einer der Verfasser des württembergischen Kirchengesangbuches von 1791, er verfasste auch den seinerzeit berühmten „Landwirtschaftlichen Kalender“. Für den Rapsanbau setzte sich Johannes Steeb (1742–1799) nachhaltig ein – er war Pfarrer von Dürnau und Grabenstetten.

Das Schulwesen verdankt den Pfarrern ähnlich viel: Johann Valentin Andreae (1586–1654), Pfarrer, Dekan, Hofprediger und Prälat ist es zuzuschreiben, dass 1648 in Württemberg, als erstem Land in Europa, die allgemeine, ganzjährige Schulpflicht für Jungen und Mädchen eingeführt wurde. Jakob Friedrich Klemm, der Dekan von Nürtingen, begründete dort 1782 die erste Realschule. Er gilt auch als der Erfinder des Puzzle-Spieles: Im Bestreben, seinen Schülern das Lernen zu erleichtern, zerschnitt Klemm eine Landkarte und ließ sie von den Schülern wieder „zusammenpuzzeln". Bis in das 19. Jahrhundert hinein unterstand auch das höhere Schulwesen der Fachaufsicht durch die Kirche und bis 1909 hatte der Gemeindepfarrer die Aufsicht über die örtlichen Volksschulen: Kein Wunder, dass biblisches Wissen derart verbreitet war.

Kirchenkonvents-Urteile

„Veit Rahn ist angeklagt, daß er am Sonntag Holz gespalten, ist dessen beim Verhör überführt, und da er sich noch unverschämt betrug, mit 43 kr bestraft."

Kirchenkonvents-Urteil aus dem Jahre 1822

„Es wurde angezeigt, daß Hans Kopf am letzten Sonntag, nachmittags, in höchst betrunkenem Zustand zum allgemeinen Ärgernis auf der Straße gesehen worden sei. Der Kirchenkonvent hat beschlossen, daß Kopf wegen diesem im höchsten Grad Ärgernis erregenden Benehmen zur Warnung für sich und andere mit einer Strafe von 24 Stunden Arrest angesetzt sei."

Kirchenkonvents-Urteil aus dem Jahre 1851

„Da Jakob Hacker in seinem Saufen, und liederlichem Wesen, unerachtet der vielfältigen Ermahnungen und Warnungen, immer noch fortfährt, und Klage vorgekommen ist, daß er erst am letztverwichenen Samstag sich wieder besoffen, und durch entsetzliches Fluchen und Lästern großes Ärgernis gegeben, so wurde er wider vor den Kirchenkonvent beschieden. Da er aber nicht erschienen, so wurde beschlossen, wie ihm schon mehrmalen zur Warnung gedrohet worden, sein ganzes ärgerliches Leben und unverbesserliches Betragen an das löbliche Oberamt zu berichten, und zu bitten, daß man eine ernstliche Bestrafung mit ihm vornehmen möchte, da er alle hiesigen Strafen so gar nicht mehr achtet."

Kirchenkonvents-Urteil aus dem Jahre 1780

Der Pietismus bahnt den Weg in die Moderne

Die Eigenprägung des über Jahrhunderte nahezu hermetisch von der Umwelt abgeschlossenen Herzogtums hat nach dem Dreißigjährigen Krieg der Pietismus weitergeführt. Er hat mit seiner Bindung an „das Wort" die Anliegen der Reformation aufgenommen und weitergeführt, Württemberg zum Volk der Tüftler und Erfinder gemacht und in ungemein vielen Bereichen den Weg in die Moderne gebahnt.

Die Bibel, das Wort Gottes, ist dem Pietismus Lehr- und Lebensbuch und die nicht auszuschöpfende Summe aller göttlichen und menschlichen Weisheit. Sie wird als Liebesbrief Gottes an alle Menschen verstanden, auf den eine Fülle von Liebesliedern (*„Ja, mein Jesus, bei Dir bleib ich" oder „Dir nur will ich angehören"*) antworten. Der Einzelne erhält und weiß um einen neuen Stellenwert, es wächst ein neues Selbstbewusstsein heran, eben, weil Gott ja jeden Einzelnen liebt. Auch das wird in neu entstehenden Liedern deutlich: Sie heben auf die Glaubensentscheidung des Einzelnen ab (*„Dir nur will ich angehören"*). Auf dieser Grundlage ist das heutige Klima für den Individualismus bereitet worden.

Frauen rücken jetzt in den Vordergrund: Sie dichten Lieder und verstehen sich als selbstbewusste Gehilfinnen ihrer Männer. So hat Regina Bengel, Ehefrau von Johann Albrecht Bengel, dem legendär gewordenen Klosterpräzeptor von Denkendorf, nach der Hochzeit Altgriechisch gelernt, um ihm eine geistig ebenbürtige Gesprächspartnerin zu sein. Emilie-Juliane von Schwarzburg-Rudolstadt ist mit rund 600 Liedern eine der fleißigsten Dichterinnen des Pietismus. Von ihr stammt das bis heute bekannte Lied *„Wer weiß, wie* *nahe mir mein Ende*". Sie gab 1683 ein Erbauungsbuch für Frauen mit dem schönen Titel: *„Geistliches Weiber-Aquavit"* heraus. Man kann also sagen, der Pietismus hat geholfen, die Frauenemanzipation voranzutreiben.

Weil die Bibel als Lehr- und Lebensbuch angesehen wurde, sollte und musste biblisches Wissen schon früh weitergegeben werden. In Württemberg wurde deshalb bereits 1681 die Kinderkirche neu eingeführt, ab 1723 gab es flächendeckend die Konfirmation. Lange Zeit feierte man diese am Sonntag nach dem Osterfest, dem Taufsonntag der alten Kirche, denn die Konfirmation wurde als bewusstes „Ja" des nun mündigen Christen auf das bereits in der Taufe zugesprochene „Ja" Gottes zum Täufling verstanden. Der Konfirmation voraus ging ein gründlicher Bibelunterricht. Nach der Konfirmation hatte man dann einen mehrjährigen Zuhör-Unterricht bis zur Eheschließung zu besuchen.

Mit Kindergottesdienst und Konfirmandenunterricht rückten nun erstmals Kinder und Jugendliche als eigenständige Persönlichkeiten gezielt ins Blickfeld. Zuvor hatten sie gesellschaftlich keinen besonders hohen Stellenwert: In dem von der Landwirtschaft geprägten

Land wurden sie als noch unfertige Erwachsene eingestuft, die kaum zum Arbeiten zu gebrauchen waren. Mit seiner gezielten Hinwendung zu den Kindern, hat der Pietismus eine weitere Weichenstellung in Richtung Moderne und heutigem Verständnis von Erziehung vollzogen.

Pietismus, Tierschutz und Wohlstand

Der Pietismus will, dass zum rechten Glauben auch das rechte Leben kommt. Ganz konkrete Handlungsanweisungen dazu enthält die Heilige Schrift. Sie wird hoch geschätzt, man liest sie nicht nur, man studiert sie und denkt über sie nach: Was steht da? Was bedeutet das? Was bedeutet das für mich? Was ist zu tun? Man forscht in der Schrift – dieses Nachdenken und Reflektieren hatte Folgen.

In der Schöpfungsgeschichte wird berichtet, dass Gott Pflanzen, Tiere und Menschen schuf. Diese bekannten Bibelworte führten zur Erkenntnis, dass Tiere Mitgeschöpfe sind, mit denen man sorgsam umgehen müsse – so entstanden weiterführende Überlegungen über den Tierschutz. Das führte schließlich dazu, dass im Jahre 1837 der Pfarrer, Pietist und Liederdichter Albert Knapp in Cannstatt den ersten Tierschutzverein der Welt gründete. Der Tierschutz ist also aus dem Pietismus heraus entstanden.

Ebenfalls im Schöpfungsbericht heißt es: *„Gott sah an alles, was er gemacht hatte und siehe, es war sehr gut.“* Aus diesem Satz haben schwäbische Pietisten die Harmonie der Schöpfung Gottes abgeleitet. In der Zeit der Aufklärung hat der Pfarrer und Pietist Philipp Matthäus Hahn die Weltspitzenleistungen der Mechanik ersonnen, um die Vollkommenheit der Schöpfung jedem Menschen anschaulich deutlich machen zu können. So beweisen die von ihm konstruierten Präzisionsinstrumente, dass in Gottes Schöpfung nichts verloren geht. Mechanische Waagen von Hahn sind so perfekt, dass man mit ihnen sogar das Gewicht einer Unterschrift bestimmen kann. Ein „Abfallprodukt“ dieser aus Glaubensgründen heraus geschaffenen Werke ist die bis heute blühende feinmechanische Industrie im Raum Balingen. Die Menschen lernten beim Bau der Instrumente Pünktlichkeit und sorgfältigste Arbeit: Darum befindet sich die Industrie gegen jede Wahrscheinlichkeit und gegen jede betriebswirtschaftliche Überlegung auf der abgelegenen Schwäbischen Alb.

Mit seinen technischen Erfindungen und Entwicklungen wollte Hahn zuallererst die Harmonie der Schöpfung Gottes anschaulich machen. Sie las er aus dem nächtlichen Sternenhimmel ab: Die Planeten bewegen sich in Jahrmillionen in immer gleichen Bahnen, sie weichen nicht nach rechts oder nach links ab und bewegen sich mit stets gleichbleibender Geschwindigkeit. In der Zeit der Aufklärung sah man darin die Vollkommenheit Gottes, die Hahn mit seinen Himmelsuhren und Weltmaschinen nachgestalten wollte. Seine dafür ertüftelten Präzisionsinstrumente waren von bis dahin ungekannter Vollkommenheit: Seine astronomischen Uhren berücksichtigten alle Zeiteinheiten – von der Sekunde bis zu Jahrtausenden, zeigen Sekunde, Minute und Stunde, den Wochentag, den Monat und das Jahr, ferner den Stand aller damals bekannten Planeten – und das sowohl nach dem kopernikanischen, heliozentrischen Weltbild mit der Sonne im Mittelpunkt wie auch nach dem ptolemäischen, geozentrischen Weltbild mit der Erde als Mittelpunkt. Gerade die mechanische Darstellung dieses Weltbildes mit dem Sternenlauf, so wie ihn der Mensch von der Erde aus wahrnimmt, verlangt höchste technische Vollkommenheit, da aus dieser Sicht die Planetenbahnen sowohl vor- wie zurückzulaufen scheinen und zuweilen sogar stillstehen. Auch so hat der Pietismus den Weg in die Moderne und in den allgemeinen heutigen Wohlstand gebahnt.

Mit klugen, fleißigen, sparsamen und gewissenhaften Menschen ist demnach „das gelobte Land Württemberg“ entstanden. Zwischen 1750 und 1850 – in der Hoch-Zeit des Pietismus – entwickelt sich eine marktwirtschaftliche Industriegesellschaft. Diese ist eben nicht da entstanden, wo es zu vermuten gewesen wäre, nämlich in Welthandelsstädten oder Welthäfen, Zentren der Wissenschaft oder der Hochfinanz oder Gegenden mit vielen Bodenschätzen. Entgegen jeder Wahrscheinlichkeit entstand die Industrie in eher abgelegenen, ländlichen Gebieten im Nordschwarzwald und auf der Schwäbischen Alb, und es ist kein Zufall, dass die meisten der ersten Unternehmerfamilien in Württemberg aus dem Pietismus kommen. Altwürttemberg ist zu einem industriell sehr dynamischen Gebiet geworden. Die wirtschaftliche Entwicklung, gerade in der ersten Hälfte des 19. Jahrhunderts, ist ohne den Pietismus nicht zu denken.

Blick für das Wesentliche

Die Bibel ist dem Pietismus ganz konkrete Handlungsanweisung für den Alltag. So ist die Weisung des Apostels Paulus *„Alles, was ihr tut, das tut in der Verantwortung vor Gott"* als direkte Aufforderung zu pünktlichem und gewissenhaftem Arbeiten verstanden worden; sie ist sozusagen der biblische Unterbau des schwäbischen Facharbeiters. Das Bibelwort *„zu forschen, wie es verhielte"*, hat das Suchen, Grübeln und Tüfteln befördert – nicht ohne Grund gilt Württemberg ja als Volk der Tüftler und Erfinder und noch bis heute gibt es aus keinem Landesteil so viele Patentanmeldungen wie aus Württemberg.

Das Wort Jesu „*Trachtet am Ersten nach dem Reich Gottes …*" hat den Blick für das Wesentliche geschärft. Wer weiß, was wichtig ist, weiß damit auch, was unwichtig ist und worauf verzichtet werden kann. So wäre etwa der Porsche ohne die gedankliche Vorarbeit des Pietismus so wenig entstanden wie die Weißenhofsiedlung in Stuttgart.

Auch im persönlichen Leben ist es hilfreich zu fragen, was wichtig ist und worauf es ankommt: Ein schwäbischer Milliardär fuhr täglich mit dem Zug zweiter Klasse vom Wohnort in sein Büro. Nichtschwaben beschimpften ihn darum als geizig. Als er aber gefragt wurde, warum er nicht wenigstens die erste Klasse benutze, erwiderte er nur: „*Die erste Klasse fährt auch nicht schneller*" – ein Beispiel für einen, der den Blick für das Wesentliche besitzt.

Bürgerkrieg um das neue Gesangbuch

Militäreinsatz war nötig, damit in Kirchentellinsfurt das neue Gesangbuch eingeführt werden konnte. Im Jahre 1801 hatten Auseinandersetzungen zwischen weltlicher Obrigkeit und der damals pietistisch geprägten Kirchengemeinde zur Folge, dass Militär anrückte, der Bürgermeister seines Amtes enthoben wurde und die Wortführer des Widerstandes bestraft wurden. Ursache dieses Streits war das „Wirtembergische Gesangbuch“

von 1791, ein flaches, rationalistisches Machwerk mit Liedern zu Sittenlehre und Ethik im Sinne der Aufklärung. Es stieß von Anfang an auf wenig Gegenliebe. In Kirchentellinsfurt bei Tübingen benutzte man deshalb einfach das alte Gesangbuch aus dem Jahre 1742 weiter. Bei Visitationen (Prüfungsbesuchen) gab der Pfarrer immer an, es gebe keinen Ärger mit dem neuen Gesangbuch – was ja im Wortsinne auch zutraf.

Die Sache kam erst ans Licht, als ein neuer Gemeindepfarrer kam, der das seit zehn Jahren verbindlich vorgeschriebene neue Gesangbuch verwenden wollte. Er stieß auf heftigsten Widerstand in der Gemeinde, seine Gottesdienste wurden immer wieder gestört und mussten gar unterbrochen werden – damals ein Skandal erster Güte. Die Auseinandersetzungen eskalierten zum offenen Aufruhr. Der Pfarrer konnte kaum mehr das Haus verlassen, der mit ihm sympathisierende Schulmeister wurde überfallen und verprügelt. Daraufhin ließ die Regierung den Ort militärisch besetzen: Am 16. Dezember 1801 rückte ein kampfstarker Trupp in Kirchentellinsfurt an, zwei Offiziere und 71 Mann Fußvolk und Reiter wurden in die einzelnen Häuser einquartiert. Die Haupträdelsführer verhaftete man sofort, der Bürgermeister wurde amtsenthoben. Die 28 Hauptschuldigen am Aufruhr bekamen ihre Strafe: zwei von ihnen landeten auf dem Hohenasperg. Darauf brach der Widerstand zusammen, und das neue Gesangbuch wurde doch noch eingeführt.

Vom Pietismus zum Kommunismus

Ausgerechnet der gottlose Kommunismus hat eine seiner Wurzeln im frommen schwäbischen Pietismus. Der württembergische Radikalpietist Johann Georg Rapp (1757–1847) trennte sich von der Kirche und wanderte mit mehreren Hundert seiner Anhänger in die Vereinigten Staaten aus. Mit seinen von ihm straff geleiteten Siedlungsgemeinschaften auf religiös-kommunistischer Grundlage hat er den selbst aus einem stark pietistisch geprägten Elternhaus stammenden Friedrich Engels mit dessen Vorstellungen von einer klassenlosen Gesellschaft ohne Privateigentum beeinflusst.

Der Pietismus versteht die Bibel als Lehr- und Lebensbuch und betont stark den persönlichen, selbstverantworteten Glauben. Er will ein von ihm geprägtes „geheiligtes Leben". Die Pietisten stellten daher hohe Ansprüche an sich und beeindruckten durch eine geradezu vorbildliche Lebensführung, die sich deutlich von der am französischen Vorbild ausgerichteten verschwenderischen Hofhaltung in Stuttgart und Ludwigsburg abhob. Schon ab 1700 wurde deshalb in pietistischen Kreisen darüber nachgedacht, ob denn wahres Christentum noch im Rahmen einer stark mit diesem Staat verflochtenen Kirche gelebt werden könne. Fromme Menschen grenzten sich immer mehr von der in ihren Augen gottlos gewordenen Obrigkeit und der Amtskirche ab.

Das konnte sich darin äußern, dass sie jedermann duzten, weil man auch mit Gott per Du rede, den Eid verweigerten, weil dies so in der Bibel stehe, nicht mehr zu Gottesdienst und Abendmahl gingen, weil sie die Institution Kirche ablehnten, ihre Kinder selbst tauften und zu Hause unterrichteten. Radikalpietistisch gesinnte Theologen fielen durch eine rigide Kirchenzucht auf, wenn sie etwa „in Sünde Lebenden" die Teilnahme am Abendmahl verweigerten.

Die in Altwürttemberg eng miteinander verflochtene weltliche und kirchliche Obrigkeit tat sich schwer im Umgang mit diesen frommen Menschen. Man nahm den Eltern ihre Kinder weg, quartierte bei absehbaren Entbindungen Hebammen in die Wohnung ein, um Selbsttaufen zu vermeiden, verhängte Geld- und Freiheitsstrafen und Landesverweisungen. Aufmüpfige Theologen wurden mit oft harschen Maßnahmen von ihrer Kirchenleitung diszipliniert: Sie wurden zum Verhör beim Konsistorium einbestellt und konnten dann verwarnt, strafversetzt, entlassen oder auch aus dem Land gewiesen werden. Das sich über zwei Jahrhunderte hinziehende rigide Vorgehen der weltlichen und geistlichen Obrigkeit blieb aber letztlich erfolglos und endete erst, als die so genannten „Radikalpietisten" freiwillig im frühen 19. Jahrhundert das Land verließen.

Es gab eigentlich nur wenig Radikalpietisten, diese wirkten aber über ihre kleine Zahl hinaus. Mit ihnen sympathisierende reichsritterschaftliche Familien stellten sie als Pfarrer oder Erzieher an. Wenn sie predigten, fanden sich viele Zuhörer aus nah und fern. Die engagierten und vorbildlichen Christen waren auch begehrte Erzieher: Bengel, Hölderlin und Schelling sind von Radikalpietisten geprägt worden und deren Einflüsse lassen sich in der Geistes- und Kulturgeschichte des 18. und des 19. Jahrhunderts nachweisen.

Als einer der radikalsten Pietisten gilt der Leinenweber Johann Georg Rapp (1757–1847) aus Iptingen, heute ein Teilort von Wiernsheim im Enzkreis. Der hochintelligente, redegewandte, tief religiöse und durch eifriges Selbststudium auch theologisch bewanderte Mann wurde im ausgehenden 18. Jahrhundert zum Anführer der damals in Württemberg stark verbreiteten Separatistenbewegung, die eine totale Trennung von Staat und Institution Kirche wollte. Sie wirkte besonders im Remstal, im Gäu, im Raum Balingen und im Gebiet um Iptingen. Die Obrigkeit wollte den Leinenweber nicht zum Märtyrer machen und behandelte ihn lange mit erstaunlicher Milde. Nach dem Amtsantritt von Herzog Friedrich II., dem späteren König, nahm der Druck auf die Separatisten allerdings merklich zu und Rapp entschloss sich, in „die neue Welt“ auszuwandern.

1803 verließ er das Land, ihm folgten nach und nach etwa tausend seiner Anhänger. In schwerer Arbeit machten sie das Land urbar und gründeten ab 1805 in Pennsylvania die erste Siedlung „Harmony", unweit der Stadt Pittsburgh. „Vater Rapp", Hirte, Prediger und theokratischer Leiter, führte seine Kommune zu erstaunlichem wirtschaftlichem Erfolg, weil die Pietisten fleißig, pünktlich und gewissenhaft arbeiteten und damals die modernste Technik einsetzten, wie zum Beispiel die in dieser Zeit erfundenen Dampf- und Dreschmaschinen. Nach zehn Jahren verkaufte Rapp die Siedlung, weil sie keine gute Verkehrsanbindung hatte, und gründete im US-Staat Indiana die Gemeinde „New Harmony". Auch sie blühte auf und wurde rasch zur damals größten Stadt in Indiana. Nach wiederum zehn Jahren erzwang der geradezu diktatorisch herrschende Rapp dann eine dritte Gemeindegründung, wieder in Pennsylvania, wo die neue Mustergemeinde „Economy" entstand.

Seine Anhänger zwang Rapp zu einem Leben auf christlich-kommunistischer Grundlage. So hatten sie auf ihr Privateigentum zu verzichten und waren zu kollektiver Arbeit verpflichtet. Jeden Abend sollten sie zu religiösen Zusammenkünften kommen, ferner gab es sonntags zwei Gottesdienste. Ab etwa 1807 setzte der auch mit Endzeitberechnungen umgehende „Vater Rapp“ eine völlig zölibatäre Lebensweise durch, die nach seinem Tod – Rapp starb fast 90-jährig am 7. August 1847 – zum raschen Aussterben der Siedlungsgemeinden führte.

Diese Siedlungsgemeinden gelten heute als die erfolgreichen Experimente urchristlich-kommunistischer Gütergemeinschaft und wurden während ihrer Blütezeit überregional stark beachtet. So lebte der deutsche Dichter Nikolaus Lenau 1832 ein halbes Jahr dort, Forscher besuchten sie und verschafften ihnen dadurch weltweite Publizität. Der selbst einer stark pietistisch geprägten Kaufmannsfamilie entstammende kommunistische Revolutionär Friedrich Engels wusste von ihnen – die Siedlungsgemeinden dienten ihm als Beleg für seine Idee einer klassenlosen Gesellschaft ohne Privateigentum.

Mannesmut vor Fürstenthronen

Pietisten gelten, einem alten Spottwort zufolge, als „die Stillen im Lande", die kaum auffallen, tüchtig und zuverlässig sind und eigentlich zurückgezogen leben. Tatsache ist aber, dass sie – zumindest am Anfang – ganz und gar nicht pflegeleicht waren und etwa mutig ihre Stimme gegen Fehlentwicklungen erhoben haben. Ein Beispiel dafür ist Samuel Urlsperger (1685 – 1772), dem sein mannhaftes Einstehen gegen die Fürsten-Willkür sogar das Todesurteil eintrug. Der Theologe steht auch für den anfangs durchaus aufmüpfigen und von der weltlichen und kirchlichen Obrigkeit als geradezu revolutionär und umstürzlerisch betrachteten Pietismus.

Urlsperger, ein aus Kirchheim/Teck stammender Nachkomme evangelischer Glaubensflüchtlinge aus der Steiermark, durchlief die übliche Theologenausbildung mit Klosterschulen und Tübinger Stift. Bei einer der damals Disputationen (Streitgespräche) fiel er dem württembergischen Herzog Eberhard Ludwig so angenehm auf, dass der ihm eine ausgedehnte Studienreise finanzierte. Sie führte Urlsperger auch zu August Hermann Francke, der Halle zu einem wichtigen Zentrum des frühen Pietismus gemacht hatte. Nach über einem Jahr kehrte er heim und wurde 1713 Gemeindepfarrer in Stetten/Remstal und 1714 Hofprediger bei Herzog Eberhard Ludwig und damit auch Mitglied des Konsistoriums, der Kirchenleitung.

Das Verhältnis des Hofpredigers zu seinem Herzog trübte sich aber bald ein. Der Barockfürst, der ab 1704 Schloss und Stadt Ludwigsburg aus dem Boden stampfte, war längst in den Fängen seiner Mätresse Christiane Wilhelmine von Grävenitz, die im ganzen Land als „Landverderberin" inbrünstig verhasst war. Mit ihr führte er ein sogar für damalige Zeiten verschwenderisches Leben. Gewissensbisse scheinen ihn nicht angefochten zu haben: sprachen ihm mutige Hofprediger zu sehr ins Gewissen, erhielten sie die Kündigung. So verschliss der Herzog nicht weniger als 14 Hofprediger, einer von ihnen war Samuel Urlsperger. Er hatte – von Francke dazu nachdrücklich ermutigt – den Herzog in seinen Predigten daran erinnert, dass ein Fürst auch im persönlichen Leben ein Vorbild sein sollte. Das brachte den Herzog, der ja eben dies nicht war, zur Weißglut.

Urlsperger wurde verhaftet und zum Tode verurteilt. Er sollte hingerichtet werden, wenn er nicht öffentlich widerrufe. Er widerrief aber nicht. Darauf wandte sich der Herzog an Urlspergers Frau Sophie, malte ihr das triste Schicksal von damals unversorgten Witwen und Waisen aus und bedrängte sie, ihren Mann doch zum Widerruf zu veranlassen. Aber auch bei ihr stieß er auf Granit. Sie ließ ihm ausrichten, sie wolle lieber die Witwe eines Märtyrers sein, als mit einem Verräter Christi weiterzuleben. Darauf unterschrieb der Herzog die Vollstreckungsorder. Nach damaligem Recht bedurfte es aber der Gegenzeichnung eines dazu Berechtigten, doch selbst am nicht eben sittenstrengen Hof fand sich niemand, der die notwendige zweite Unterschrift leistete. Urlsperger blieb am Leben.

Spätzle und pietistische Tüftler

Spätzle sind heute weltweit in aller Munde – entstanden ist das schwäbische Nationalgericht aber erst im frühen 19. Jahrhundert. Sie sind eine Weiterentwicklung der alemannischen Knöpfle, die ihrerseits auf die bayerischen Knödel zurückgehen und bis heute vor allem im überwiegend katholischen Bereich südlich der Donau verbreitet sind. Nahrhaft und auch in großen Mengen günstig herzustellen, waren sie das typische Armeleuteessen. Knöpfle gibt es seit Jahrhunderten: Der gefräßige Knöpflesschwabe taucht schon in der im 15. Jahrhundert entstandenen Mär von den „Sieben Schwaben" auf, und es gibt heute noch zahlreiche Ortsnecknamen, die einst mit den Knöpfle gebildet wurden: So werden etwa die Einwohner von Bärenthal im Kreis Tuttlingen als „Knöpflesschlucker", die von Täbingen im Zollern-Alb-Kreis als „Knöpflessäck" und die der Ostalb-Stadt Heidenheim als „Knöpfleswäscher" verhöhnt.

Mit den Spatzen verbundene Necknamen sind dagegen nicht bekannt – auch ein Beweis dafür, dass die Spatzen wesentlich jünger sind. Ihre Entwicklung beginnt vor etwa 200 Jahren im evangelischen Teil Württembergs. In ihrem Bestreben, Vorhandenes weiter zu verbessern, haben pietistische Tüftler die Knöpfle zu den Spatzen fortentwickelt und veredelt. Im konfessionellen Übergangsgebiet zwischen Donau und Neckar spricht man bis heute im einen Ort noch von den „katholischen Knöpfle", im nächsten bereits von den „evangelischen Spätzle". Dabei ist ungeklärt, woher die Spatzen ihren Namen haben. Er wird ebenso auf die Sperlinge auf dem Dach zurückgeführt wie auf das italienische „spezzare", das brechen, in Stücke schneiden bedeutet oder auf das ebenfalls italienische „pasta" für Teig.

Knöpfle sind verkleinerte Knödel. Sie werden – wie Spätzle – nur aus Mehl, Eier, Salz und Wasser hergestellt. Der Teig wird durch ein großlöchriges Sieb ins Kochwasser gestrichen. Spätzle dagegen werden ursprünglich vom Spätzles-Brett ins Kochwasser geschabt, was einiges an Fingerfertigkeit voraussetzt. Spätzle standen auch bald für Fleiß, Häuslichkeit und Sparsamkeit und es wurde klar, dass ein Mädchen leichter einen Mann bekam, wenn sie Spätzle herstellen konnte. Zwischenzeitlich gibt es aber über hundert Hilfsgeräte, wie Spätzlesmühlen und -pressen mit Rundloch, Vierkant, Halbmond, Doppelzungenloch oder Langzungenloch. Der „katholische Hobel" für die Knöpfle ist bis heute vorwiegend in Bayerisch-Schwaben, Teilen Österreichs, der Schweiz und in Südtirol verbreitet, sein evangelisches Pendant, der Zungenlochhobel, mit dem sich sowohl lange und kurze, große und kleine oder dicke und dünne Spätzle herstellen lassen, findet sich vorwiegend im württembergischen Unterland und im badischen Raum.

Tüfteln hat die Spätzle erschaffen und sie seitdem begleitet. Es gibt derzeit mehr als 60 Patente für Spätzles-Maschinen. Dabei wurden die industriell hergestellten

Fabrikprodukte anfangs noch als „Faule-Weiber-Spätzle“ abqualifiziert, und bis heute stehen handgeschabte Spätzle ganz oben auf der schwäbisch-kulinarischen Werteskala. Viele Frauen servieren sie an hohen Feiertagen oder wenn sie nichtschwäbischen Besuch erhalten. Dann kommen entweder mehr Eier als sonst in den Teig oder es wird – wie früher – Maismehl zugefügt, um mit der gelben Farbe einen höheren Eieranteil vorzutäuschen.

„Und erlöse uns von dem Übel“

Der Pietismus hat die Menschen selbstbewusst gemacht. Schwaben waren immer unangepasste Untertanen – selbst in absolutistischer Zeit. Bis heute berühmt ist der Pfarrer Lucas Osiander. Er war Hofprediger bei Herzog Eberhard Ludwig (1677 – 1733). Dieser unterhielt nahezu drei Jahrzehnte lang ein ehebrecherisches Verhältnis mit der Edeldame Christiane Wilhelmine von Grävenitz. Sie beherrschte über ihre Verwandtschaft und ihr ergebene Höflinge den Herzog und das Land; ihren „Kreaturen“ schob sie hoch dotierte und einflussreiche Stellen zu. Deshalb und wegen ihres öffentlich gelebten Ehebruchs war sie als „Landesverderberin“ in der frommen Gesellschaft verhasst.

Im Land erhoben zahlreiche mutige Pfarrer ihre Stimmen gegen das ehebrecherische Treiben am Hofe, und im Volk befürchtete man „wegen der Sinnenbrunst“ und der Verschwendung den Zorn Gottes. Mahner und Warner verloren aber in kürzester Zeit ihre Stellung. So verschliss der Herzog nicht weniger als 14 Hofprediger – übrigens gegen den mannhaften Widerstand der Kirchenleitung. Die Grävenitz wurde wegen ihres ehebrecherischen Treibens vom Abendmahl ausgeschlossen. Von den Hofpredigern erreichte besonders Lucas Osiander eine größere Bekanntheit. Ihm gegenüber verlangte die Grävenitz, im Sonntags-Gottesdienst in das Fürbitte-Gebet aufgenommen zu werden. Osiander schlug ihr das mit der Begründung ab, das sei nicht notwendig, denn das geschehe ja bereits: Wenn im Vaterunser die siebte Bitte gesprochen werde (damaliger Wortlaut „... und erlöse uns von dem Übel“), denke doch jedermann im Lande schon an sie.

Teuflisches Tanzen

Tanzen war in Württemberg lange geradezu verpönt und höchstens an den „drei Montagen“ (dem Oster-, dem Pfingst- und dem Kirchweihmontag) erlaubt. Dann sollte aber ein gestrenger Zensor dabei sein, um aufzupassen, dass auch ja nichts Unsittliches geschah. Jeder Tanzschritt wurde als neue Qual für den Heiland interpretiert: *„Du eilst zum Tanz, dir hüpft das Herz, und springst mit* *deinen leichten Füßen – indessen muss der Heiland büßen.*" Jugendliche, die einmal in den katholischen Bereich wechselten, um dort zu tanzen, mussten sich dafür vor den heimischen Kirchenkonventen verantworten.

Es gibt die wahre Geschichte einer frommen Mutter, die ihren Sohn auf die dreijährige Gesellen-Wanderschaft verabschiedete. Sie versicherte ihm, täglich treu dafür zu beten, dass Gott ihn bewahren und geleiten möge. Ferner werde sie Gott bitten, dass der Sohn beim ersten Schritt auf einen Tanzboden sofort den Fuß brechen möge (was übrigens tatsächlich auch eintrat!).

Woher kommen nun diese Vorbehalte gegenüber dem Tanzen? Die Antwort ist ganz einfach. Beim Tanzen bewegen sich Paare eng umschlungen. Außerdem war es üblich, die jungen Mädchen von Zeit zu Zeit möglichst weit nach oben zu „werfen". Sie schwebten dann unter allgemeinem Gekiekse wieder herunter. Dabei hob sich zwangsläufig der Rock und gab den Blick frei auf das, was darunter war. Darunter war aber, was Textilien angeht, buchstäblich nichts, denn Unterwäsche für die Frauensleut' wurde erst relativ spät, zu Beginn des 20. Jahrhunderts üblich. Tanzen galt als vom Teufel geschaffen, um die Menschen zu verderben.

Die Brezel

„Schon trocken gibt dem Hirn sie Kraft“

„Der Schwaben Klugheit ist kein Rätsel /
die Lösung heißt: die Laugenbrezel
Schon trocken gibt dem Hirn sie Kraft
mit Butter schmeckt sie fabelhaft
Erleuchtet mit des Geistes Fackel /
auch den Verstand vom größten Dackel“

Diesen Vers hat besonders Manfred Rommel, der frühere Oberbürgermeister von Stuttgart, gerne vorgetragen und man findet ihn hier und dort im Ländle an so mancher Hauswand stehen. Die Brezel – sie gilt als eines der typisch schwäbischen und schmackhaften Nahrungsmittel.

Gerne erzählt man sich in Urach, dass hier die Brezel entstanden sei. Ein zum Tode verurteilter Bäcker richtete ein Gnadengesuch an den Landesherrn. Der habe es abgelehnt und dazu geschrieben: *„So wenig es ein Gebäck gebe, durch das drei Mal die Sonne scheine, so wenig werde es Gnade geben“*. Darauf habe der inhaftierte Bäcker die Brezel ersonnen. Auf den Gedanken sei er gekommen, weil sich die Gitterstäbe seiner Zelle im Sonnenlicht abgebildet hätten und dann die Sonne gleich mehrfach in die Zelle schien.

Rund um die Brezel hat sich auf jeden Fall eine eigene Kultur entwickelt. Bei bayerischen, österreichischen oder badischen Brezeln liegt der Ansatz der Ärmchen weiter oben, bei den schwäbischen Brezeln sind die Ärmchen sehr tief angesetzt und der obere Bogen, der „Bauch“, sehr viel weiter. Es gibt auch (ungelaugte) große Weihnachts- und Neujahrsbrezeln aus süßem Teig.

Dabei hat sich gerade die Weihnachtsbrezel ihren Platz gegenüber hartnäckigem kirchlichem Widerstand erobern müssen. Ihre Geschichte beginnt mit dem frühchristlichen Brauch, Brote in die Kirche mitzunehmen und die Brotlaibe dort segnen zu lassen. Zum hohen christlichen Weihnachtsfeiertag wollte man auch äußerlich besondere Brote backen und irgendwer kam auf die Idee, einen ovalen Brotkranz in der Mitte zu verflechten – fertig war das „Ärmchen“, das lateinisch *brachiatellum* heißt. Daraus hat sich das Wort Brezel entwickelt, heute die schwäbische Backware schlechthin.

Sie war zunächst durchaus nicht überall gern gesehen. Mehrere Synoden beschäftigten sich mit dem damals neumodischen Gebäck und erkannten die Brezel als *„gefährlich für den Glauben“*, weil man sie allzu schnell mit den ebenfalls kunstvoll geflochtenen Hostien verwechseln könne. Daher wurde die Brezel kurzerhand verboten – was aber nur kurzfristig Erfolg hatte.

Heute ist die Brezel sogar als religiöse Fastenspeise anerkannt, besonders im süddeutschen Sprachraum weit verbreitet und längst zum Zunftzeichen der Bäcker geworden. Auch in mehreren Ortswappen kann man sie sehen: etwa in dem von Altenriet im Kreis Esslingen, das – wie Urach – beansprucht, „Geburtsort“ der Brezel zu sein. Das feiert die Gemeinde alljährlich am Palmsonntag mit einem „Brezelmarkt“, zu dem auch ein Festumzug gehört.

Gelobtes, geliebtes Land

Christian Gottlob Barth (1799–1862) hat die Volksfrömmigkeit des 19. Jahrhunderts nachhaltig geprägt. Er war Pfarrer, hat 250 Lieder gedichtet und die Weltmission im Binnenland Württemberg geradezu volkstümlich gemacht. Bücher von ihm sind fast fünfhundert Mal neu aufgelegt und in nahezu 100 Sprachen erschienen. Als Publizist ist Barth der erfolgreichste Autor des gesamten Protestantismus überhaupt. Daneben ist der schwäbische Schaffer auch als Naturforscher hervorgetreten und hat dafür zu Lebzeiten hohe und höchste internationale Auszeichnungen erhalten. Pflanzen und Tiere sind nach ihm benannt und eine Insel vor Labrador trägt seinen Namen. Kurz: Er war ein Genie, der typische Schwabe eben. Im Jahre 1843 hat er dann die Summe all seines Wissens und all seiner Erfahrungen in dem Satz: *„Es gibt zwei gelobte Länder. Das eine ist das biblische Kanaan, das andere ist Württemberg"*, zusammengefasst.

Das gelobte Land Württemberg hat aber nicht nur der Schwabe Barth entdeckt, sondern auch die russische Großfürstin Wera Konstantinowa. Sie entstammte der Zarenfamilie (Großfürstin!), kam aber als Kind an den Königshof nach Stuttgart. Dort war ihre Tante Olga mit dem württembergischen König Karl verheiratet. An sie erinnern bis heute die Olgaschwestern und das Karl-Olga-Krankenhaus. Karl und Olga adoptierten Wera und sorgten für eine gute Erziehung. Sie blieb schließlich ganz in Württemberg und hat Land und Leute kennen und lieben gelernt. Besonders beeindruckt war sie nach eigenen Angaben von den „edlen Sitten" und den „festen Grundsätzen" im Lande, vor allem aber „von der tiefwurzelnden Lehre seiner evangelischen Kirche“. Und deshalb ist sie aus Überzeugung evangelisch geworden und im Jahre 1909 ganz offiziell zum evangelischen Glauben konvertiert.

Wera war dem Land und den Menschen einfach dankbar und so stiftete sie zum 40. Jahrestag ihrer Ankunft im Ländle eine bedeutende Geldsumme für wohltätige Zwecke. Zehn Jahre später ließ sie in einer Urkunde schreiben:

„Längst war mir Württemberg zur zweiten Heimat geworden, … in aller Stille wuchs in mir das Verlangen, meine innersten Gefühle treuesten Gedenkens für alles im geliebten Schwabenland erlebte durch eine Dankes-Tat zu bekunden.“ Sie stiftete aus Dankbarkeit für 50 Jahre Leben in Württembrg die Heilandskirche im Stuttgarter Osten. Auf den Tag genau 50 Jahre, nachdem *„ich meinen Fuß in dieses gelobte Land setzen durfte*“, wurde die Stiftungsurkunde unterzeichnet.

Wer auch schon 50 und mehr Jahre in Württemberg lebt, hat jetzt vielleicht erfahren, was das wert ist. Nun soll niemand davon abgehalten werden, aus Dankbarkeit dafür auch eine Kirche zu stiften. Dieses Büchlein möchte aber doch vor allem zeigen, dass wir auf den Schultern der Väter stehen – denn die haben ihre damalige Welt verändert und die Welt geschaffen, in der wir heute leben. Wir stehen auf diesen Schultern und sollten unser Erbe erhalten, bewahren und weitergeben.

Wie die Spuren der Väter bis heute weiterführen, lässt sich auch an Matthäus Alber, dem Reformator Reutlingens und dem Apostel Schwabens, anschaulich machen. Aus seiner Ehe führen Ahnenlinien zu den großen schwäbischen Vätern, etwa zu Friedrich Schiller, zum Pfarrer und Erfindergenie Philipp Matthäus Hahn, zum Denker Georg Friedrich Hegel, zu Wilhelm Hauff und zum früheren Bundespräsidenten Richard von Weizsäcker. Sie alle stehen für ungewöhnlich befähigte Menschen, die unsere heutige Welt und Zeit mit geprägt haben. In aller Bescheidenheit muss doch deshalb die Frage erlaubt sein: Was wäre die Welt ohne uns?